버드나무와 별과 구름의 마을

임의진 시집

버드나무와 별과 구름의 마을
임의진 시집

처음 펴낸 날 2016년 4월 5일

지은이   임의진
머릿그림   한희원
펴낸이   윤경은
책꼴짓기   김기돈
글틀짓기   정은영 이다영
볼꼴짓기   이민영
박음터   평화당
펴냄터   작은것이 아름답다
나라에서 내어준 이름띠 문화 라 09294
터이름 서울 성북구 성북로 19길 15 3층 (우 02879)
소리통 02-744-9074~5 글통 02-745-9074
누리알림 jaga@greenkorea.org 누리방 www.jaga.or.kr

값 13,000원

ISBN 978-89-963600-3-2 03810
CIP 2016008146
이 도서의 국립중앙도서관 출판예정도서목록(CIP)은 서지정보유통지원시스템
홈페이지(http://seoji.nl.go.kr)와 국가자료공동목록시스템(http://www.nl.go.kr/
kolisnet)에서 이용하실 수 있습니다.(CIP제어번호: CIP2016008146)

표지는 사용후고지 100퍼센트 갱판지 280그램, 대한제지 지알코트 80그램,
내지는 하이벌크 80그램으로 지구 숲을 살리는 재생종이에 인쇄했습니다.

버드나무와 별과 구름의 마을

임의진 시집

작은것이 아름답다

시인의 말

땅과 바위 마구 바수어 새집 짓지들 말고
가난한 마음 어디다가 시집 짓고 살았으면…
앞산 뒷산 강바닥 깎는 대신 연필 깎으면서
시처럼 노래처럼 은은하게 살았으면…
자연과 자유 안에서 시를 벗 삼아 지내왔다.
멀고 오랜 유랑을 멈추고 돌아온 여기는
따스운 모국어가 새기어진 입국심사대.
저 출입문을 나서면 누가 있어 나를
꽃다발 안겨주며 반겨해줄까.

2016년 3월 꽃내음달에 임의진

벼리

시인의 말   5

지금은 사랑이라는 여행을 시작할 때

지금은 사랑이라는 여행을 시작할 때   14
버드나무와 버드, 새는…   16
인디언 인형처럼   18
나무 심는 마을   20
땅바닥에 쓴 시   22
나뭇잎을 갉아먹던 애벌레가 나비를 본 순간   24
가을비 겨울산   26
나무에게 가는 길   29
젖은 행주   31
더 이상 뭘 바래   33
빨갛다는 것   35
거울 속에 비친 사랑   36
별점 쌀점   37
깍지손 친구   38
비빔밥 양말   39
소나기를 피하다가, 집   40

귀를 기울인다는 것	43
라싸의 감자 맛	45
도서관	47
기차 여행	50
장기자랑	52
아름다운 여자에게	54
밀양 송전탑	57
평행우주, 평행봉, 염소	59
시인의 마을	60
새의 노래와 파블로 카잘스	61
생강	63
주님의 개	64
영혼의 세계로 가는 인천공항	66
지루한 노래를 부르는 가수	69
두꺼비의 안단테 칸타빌레	72
히스테리아 시베리아나	74
파초와 동거	76
나는 로빈슨 크루소라는 카약을 탄다	77
말귀	80
아보카도 과수원길	81
늑대와 함께 춤을	83
전국노래자랑	85
거지 찬가	87
설국	89

우리말 달이름	91
마중물	92
포도밭에는 포도주가 있고	93
수양각	94
바다로 가는 기차	95
바람의 약혼녀	96
시천주 조화정	97
게릴라 시인	98
겨울나무 성자	100
알아듣지 못하는 말	102
사랑고백	104
이름에 대하여	105
바닷가에 상을 차리고	107
저녁기도	109
폭풍의 언덕	110
시인과 농부	111
섬	113
회전목마	114
조장	116
오랜 입맞춤	118
미황사 엄마종, 남녘교회 아기종	119
사랑이라는 반체제	121

떠도는 그림자들, 길 위의 음표들

떠도는 그림자들 124
춘풍명월 125
뫼르소의 노래 126
반 고흐 그림엽서 127
마추픽추 128
초린에게 129
시간의 목소리 130
캐럴, 엄마 없는 별에서 131
노란 리본 132
파리 노천카페 133
강물은 누구의 눈물일까 134
아베 마리아 135
기타 맨 136
바라나시 꽃 137
천개의 눈 138
먹고 기도하고 사랑하라 139
구럼비 강정 140
트래블러 142
수십억광년의 고독 144
러브송 145
고비 사막 147

길 잃은 자의 노래	149
파스토랄 Pastoral	150
월든	152
슬픈 우쿨렐레	154
체 게바라여 영원하라	156
나무 물고기	158
비오는 날 해바라기	159
소금 사막	160
장님 거미	161
사막 블루스	163
나무의 꿈	164
가뭄	166
여리디 여린	167
칼릴 지브란	168
뿔	170
붉은 감	171
눈동자	172
여행자의 로망	173
꽃이 되어	174
내 가슴에 달이 하나 있다	175
바닥이 빛나는 것들을 업고	176
마지막 인디언	178
500 Miles	179
스노우맨	180

솔숲 사이로 강물은 흐르고	181
우편 배달부의 죽음	182
바람만이 아는 대답	184
대니 보이	185
한 잔의 커피	186
멜랑콜리맨	188
이매진	189

풀어내는 글 / 김기돈 (월간 〈작은것이 아름답다〉 편집장)　　190

지금은
사랑이라는 여행을
시작할 때

- 자연과 여행이 들려준 나긋나긋한 목소리

지금은 사랑이라는 여행을 시작할 때

예언자는 사랑을 배우기 위해
우리가 이 세상에 태어난 것이라고 말했지
눈을 뜨기도 전 청춘은 둑처럼 무너지고
새들은 마른 둥지를 떠나 사라져갔고
도처에 난 문들은 사랑의 방향으로
쉬이 열리지 않았다네

바람에 날린 꽃씨가 어느 한적한 땅에
한 움큼의 흙집을 짓고 난 뒤
낯선 하늘을 치어다 보았다네
외로움이 서럽게 북받치는 눈물이 될 때
몸을 데우고서야 꽃씨는 깨달았네
너로서가 아니라 나로부터 시작되어야 함을

얼어 죽을까 마른 잎사귀를 덮고
목마르면 흰 눈을 녹여 마셨네
꽃씨는 곱은 손을 부비면서
기나긴 날들을 인내하였네
사랑은 내가 스스로 꽃피는 일임을
내가 떨쳐 일어서는 일임을

많이 울면 우는 만큼 따뜻해진 얼굴로
키가 훤칠 자란 어느 날 제 자리
사랑받고 살아남은 귀한 목숨임을
그제야 믿게 되었다네
삽시간에 꽃씨는 태양과 별을 닮은
얼굴로 피어났다네

버드나무와 버드, 새는…

새는, 버드는, 버드나무에 앉아 우네
나도 곧잘 버드나무 아래 목 놓았지
헤어질 때 버들가지 꺾어주며
잊지 말아요 가까이 두고 보세요
어디서든 거꾸로 꽂아 심어도
싱싱한 뿌리 내리는 버드나무
간직해 달라고 내 마음을

아늑한 버들잎에 가슴 파묻고
버드, 새는 하루 종일 울었다네
아늑히 아득해질 때까지 새는
누구를 잊지 못하는 걸까 저리 아픈가
버드나무는 강물 곁에 머리 풀고서
바람이 부는 곳으로 술렁거렸네
멀리서 건너편에서 그리워한들
닿을 수 없는 버들잎들은 떨어져 날리우고

운다는 것은 무얼까
머리를 흔들며 운다는 것은
나는 참 많은 새와 사람들 우는 것을

보았다네 사랑하고 헤어지면서
불어 넘치는 강물 같은 슬픔과
강물에 보태어진 눈물 나는 사연들

강물 곁을 떠나지 못하는
버드나무와 버드, 새는
오늘도 종일 눈물바람이라네

인디언 인형처럼

우리들 눈에는 인형이 산다
라틴어로 눈동자 Pupilla는 인형의 파생어
내 동공엔 작은 소녀 인형 하나 살고 있네
당신은 나의 눈으로
나는 당신 눈으로 서로를
사랑스럽게 바라보는 것이다

높은 곳은 숨 쉴 공기가 희박해
섣불리 눈이 흐려지는 부자가 되거나
우쭐댈만한 높은 신분을 욕심내지 맙시다
서로 적당한 눈높이에서 마주보며
"인디언 인형처럼… 오 마이 베이베"

인생의 즐거움은 함께 춤을 추는 것
춤추는 인형 되어 어느 탱고 작곡가의
마지막 만취나 섹시한 대중가수의
비음 섞인 노래 제목마냥 달려서
밤새껏 춤을 추며 사랑하는 것
눈 앞이 침침하고 희끄무리 보일 때까지

아플 땐 방울토마토, 영화를 볼 때는

포도송이 같고 고양이에 놀라면
자두알처럼 부푸는 당신의 눈
사랑할 때는 눈꺼풀 장막을 걷어
인형의 춤 파티를 시작합시다
볼록거울에 비치는 춤을 따라 추고 싶다면
소금물에 눈부터 말갛게 씻어야 한다

나무 심는 마을

다솔박 송정길 못돼먹은 누군가
무덤 잔디 살리겠다며 아름드리 나무들
밑동을 깎고 약을 발라 말라죽이고
면사무소 직원은 뒷짐 지고서
영혼 없는 답변뿐이었다

산골로 이사 오며 심은 나무들로
회선재*는 검은 숲을 이루었다
대나무 울타리 말리던 이웃도
여름이면 마당에서 맘대로 웃통도 벗고
어린 새는 호랑가시나무 속에 숨어
걱정 없이 푸지도록 낮잠을 자고 간다

허수아비가 사람 수보다 많은
들에서 바라보면 울창한 병풍산방
조선기와 올린 집엔 시생이 산다
시인이 심은 나무들로 다시금 송정
소나무 뿌리를 적시는 샘물에
목축이고 우러르면 맑은 별하늘

나무 죽이는 마을 아니라

나무 살리는 마을
나무 심는 마을
더불어 사람이 살아가는 것이다

* 내 산골 거처 당호.

땅바닥에 쓴 시

봄토방 앉았더니 철없는 햇강아지
신발을 물어가고
등 긁다 놓아둔 효자손으로
냉큼 돌려 달라 윽박지르고
본숭만숭 개는 쌩하니 문밖으로
달아나 버린다

연두빛깔 수액 같은 닭똥 불콰한 마당
맨발이 된 나, 개의 원수로 사는 장닭,
꽃밭의 수선화 히아신스가
이미 공생이어라

오막살이 보리죽은 아니더라도 소박하게 먹고
산엣새 내려앉게 정원 손질 바지런하며
해종일 그러다가 종이 대신 땅바닥에
시를 기록한다
나의 시는 삶에다가 토를 다는
삽과 낫 쇠스랑이 구르는 소리

여뀌꽃에 홀려 사람세상 못 떠나는 도깨비처럼
공생으로 스며들어 달달하고 달큰한

시를 써내려간다
오! 이 욱신거리는 놀라운 경험들
시는 살아가는 무엇이어야지 빈말과
흰말 늘어놓는 말장난이
아닐 것이다

나뭇잎을 갉아먹던 애벌레가 나비를 본 순간

우리가 시간이라고 말하는 것들은 과연
먹고 살기 위해 조바심을 냈던 불안의 입자일까
아이의 식탁에 싱그런 초록 잎이 올라오면
어미는 날개를 펼쳐 둥지를 떠나간다

인생은 얼마나 부유했는지 또 가난했는지를
캐묻지 않는다 가진 자는 가진 만큼 괴로웁고
없는 자는 없는 대로 아프게 울면서
속앓이들을 하는 것인데, 다만 무상하여라

그대 일용할 양식으로 족하며
건강을 위해 짧은 오수를 즐기고
아이들이 무사히 귀가하는 밤에 웃으라
창문이 달려있어 찬바람을 막아준다면
나무 한그루 끌어안고 사는 일이
무료하지만 않다면 그대 인생도 나름
성공적인 시간을 보냈다 할 수 있으리

나비는 애벌레에게 재산을 물려주지 않는다
황홀한 춤을 보여줄 뿐이다
자유와 해방의 춤사위를

나눔과 축복의 잔치 속에서
애벌레는 어미를 보고 속 깊이 배운다
나비가 춤을 추며 떠나가는 순간
어린 애벌레는 울지 않는다
예수의 승천을 본 제자들처럼

가을비 겨울산

이름도 예쁜 유리 가가린, 하느님만큼 높은
하늘보좌에 앉아 손 흔드는 걸 흑백 티비로 봤지
비구름이 떠돌고 구름냄새를 맡고 앉았으면
구름은 하느님의 담배연기 간접흡연이겠다

부닌은 쇼팽을 내게 처음 들려주었지
피아노 소리를 듣노라면 꼭 빗소리 같아
그래서 좋아하게 되었지 가을밤엔 쇼팽
노랗게 활활 대는 은행잎의 레퀴엠 야상곡

바르가스 요사는 대통령 선거에 출마하고
나는 소설도 정치도 입문하지 않게
그러니까 염소야 비가 오면 비를 피하렴
('염소의 축제'를 읽었는데 염소는 어떤 사주를
타고 났길래 비가 와도 집에 들어가려 하지를
않는지, 무모하게 어깃장 부리는 역마살)

버지니아 울프의 폭풍우 집에서 묵기도 했지
그녀의 침소와 울타리에서 비를 피하다가
일요일엔 파솔리니의 마태복음을 보았네
춘사월에 가졌던 믿음을 시월에는 버렸지

내가 원하는 비는 잔잔하고 촉촉한 가을비
내가 원하는 복락은 소소한 미소의 기쁨

지난 겨울 시베리아 횡단열차 2층 침대칸에서
턱을 괸 채 단꿈을 꾸기도 하였지
다음 역은 종착역 상트페테르부르크입니다
가도가도 새하얀 백야와 떡가래 같은 흰 눈
창밖 툰드라 나뭇잎들 벌레가 갉아 먹어
백양사 큰스님 누더기옷 같더구만
스님은 앉아서 돌아가셨다는데 왜 그러셨어요
저처럼 누워가요 얼마나 편안하다구요

햇살이 들어 눈은 녹는데 북국호텔 유리창엔
비가 내렸어 붕어빵의 붕어가 사는 어항속에도
나쓰메 소세키는 호텔방에서 비오는 구경을
즐겼다는데 비가 오지 않으면 잔에 물을 채웠다지

라싸에서 먹은 소면 같은 구불구불한 길을
따라 가다보면 나스카의 평원이 펼쳐지고
내려다보면 그건 외계인의 활주로가 아닌
단비를 기원하던 인디오의 기도제단

쿠스코까지 먼 길을 기도해주었건만
사막선인장에 박힌 예수의 못은 수 만 개
뽑고 또 뽑아도 뽑히지 않는 질고의 운명
비가 그렇게 쉽게 내리는 줄 아니?

개울에 버들강아지 춤추듯 언젠가 우리
자유 얻으면 못 구멍으로 빗물이 스며들까
해갈한 입술로 겨울산에 편히 눕고파

나무에게 가는 길

마음 어지럽고 아플 때
나무에게 찾아갔다
신발을 사러 나온 사람처럼
서투른 발걸음으로
유배지에서 절룩대는 사내
이른 봄 진달래를 반기듯
나무를 버럭 끌어안으면
기우뚱한 어깨 위
잎사귀 몇 개 저물어도
발은 푸르게 푸르게
젖어가고만 그랬다

옆구리가 시릴 때
아무도 곁에 없을 때
나무에게 찾아갔다
팔짱을 끼고 곁에 섰으면
붉고 처연한 저녁에도
하나 외로웁지 않았다
든든한 가슴인 우듬지
갸웃갸웃 이방인을
훔쳐보는 새의 둥지엔

가지런히 서너 개의
알이 잠들어 있었고
한동안 별도 뜨지 않던 밤하늘
은하수 여울목 소리와
따뜻한 별빛을 비추어가며
하늘도 땅도 모두가
갸륵한 보살핌이었다

나무는 그림자를 펼쳐
내가 가야할 길을
가리키고는 하였다
내 길은 결국 숲으로 난 길이었고
저 멀리 푸른 묘지가
손짓하고는 그랬다

젖은 행주

얼룩말은 얼룩 외투를 입고 달려
으슥한 밤은 검은 망토를 걸친 채 달리고
신발도 신지 않은 가난한 별들 님을 향해
나선은하를 달리고 있다

쭈글쪼글 할머니 전기장판 위에서
홀로 우시는 밤
털도 없이 주름뿐인 스핑크스 고양이
자꾸 손으로 눈물을 훔치시누나

윗동네 영매는 목디스크로 대학병원에
입원중이라 죽은 영감 만나는 길은
꿈속뿐인데 토란잎처럼 둥근 위성안테나
재방송 드라마 내용도 알 수 없이
처자가 우니 자동으로 따라 우시는갑다
사람이 그리워서 우는 할머니

앙다문 긴긴 밤 개가 커겅 짖으면
마당을 횡단하던 작고 어린 고양이
뽀송했을 어미 품 그리웠을까
자다 말고 어딜 그리 가는 중인지

쥐어짜면 바닥이 흥건해질
젖은 행주 같은 시간이
흘러가고들 있다

더 이상 뭘 바래

글 쓰는 일은 땀 흘리는 노동이다
품삯 고료라던가 원고료 글값
〈작은것이 아름답다〉 월간지에선
쌀을 보내준다 생태농사 지은 잡곡쌀
그 쌀 씻어 밥 앉히고
난로에 장작불 그러모으면
외딴집에 글값으로 연기 피어오른다

새책 내는 일 소 닭 보듯 한지 오래
나무 심는 사람 되어 그간엔
나무 베는 일 하지 않았네
작가나부랭이 베슥거리는 일이어서
한데우물 어디께나 되는 것처럼
멀리 두고 바람간수나 하며 살았다

더러 묻는다 밥은 먹고 사느냐고
살펴주는 천사들 있고 맷집도 단단해
여행 중에는 마른 빵과 커피 한잔
조선사람 쌀과 김치면 동경대전 읽듯
마음이 선뜻해지고 몸이 떨려와
버티기에는 누구보다 자신이 있다

죽어서 가져갈 것 무엇 있겠나
일용할 양식 함께 나누는 밥상
먹다 남은 걸 나누는 게 아니라
가장 좋은 음식 기쁨으로 나누는 삶
밥했다고 부르는 친구 됐으면
잘 살았지 더 이상 뭘 바래

빨갛다는 것

붉은 열꽃 핀 저 단풍나무
밤새 앓은 얼굴로 산바람을 쐬고
원래 흰꽃이었던 포인세티아
멕시코 소녀의 피가 묻자
빨간 핏물 들어 별보다도 붉어졌다

주머니에 손을 넣고 가던 남자는
사막을 건너는 모래알처럼 한숨을
내쉬고 그만 땅이 꺼지자 모래둔덕
남자는 그곳에 터 잡고 빨간 지붕의
집을 지어 올렸다

도도록 솟은 이마에 붉은 별이
떨어지면 빨강머리 앤처럼 생긴
딸아이의 주머니에 넣어주고는 하였지
어떤 사람들 주머니에도 빨간
별들이 한주먹씩 구른다

입술이 붉은 여자는 별사탕을 깨물고
가슴이 붉은 남자는 운명의 손을
심장에 얹었기 때문이다

거울 속에 비친 사랑

이렇게 생긴 사람을
지독하게 사랑했던 걸까
이 사람 얼굴이 바로 그 얼굴인가
애증으로 타올랐던 사람
전생에 사랑했던 사람
그 사람 얼굴을 갖고 태어난다지
다음 생이 있다면 누구 얼굴로
나를 삼을까
순간 떠오르는 얼굴이 있다
한없이 사랑하고
죽도록 미워한 사람

별점 쌀점

온 세상 하얀 눈은
흰 구름이 배가 고파
지상으로 내려온 거죠
초가지붕은 흰쌀 고봉밥
금강소나무는 밥을
떠먹는 숟가락이죠
바닷물이 푸른 건
목마른 하늘이
물 마시러 내려온 거죠
이빨을 닦으려면
짠 소금도 한 모금
산허리 검은 그림자는
마을로 내려와 밤이 되지요
연탄보다 새까맣게
어둠에 잠기는 것이죠
별은 점쟁이 할매가
뿌려놓은 쌀점이에요
운수대통 하시길요

깍지손 친구

도란도란 피붙이가 아니어도
견디기 힘든 낙심 곁으로 다가와
하염없이 오래 안아주고
슬픔의 물항아리에 같이
몸 담글 친구 하나 있었으면
검정 볼펜으로 이름 쓰다가
새까매진 가슴 되어 달려가서
따뜻이 깍지손 잡아주는
그런 사랑 하나 내게 있었으면

비빔밥 양말

아구똥지게 꼬신내 풍기는 참기름 아니 참지름
밥을 비비면 해마다 다문화가족 위한 송년축제
올해도 군청 문화회관 두어 시간 빌려 비빔밥으로
밥 나누고 노래 부르며 베트남에서 필리핀에서
멀리서들 시집온 젊은 아낙과 늙수레한 남정네들
자꾸 밖으로 나가 담배만 꼬나 피우는 딴청과
애들은 정신없이 뛰어다녀 공연은 딱 난장판

비빔밥 나누고 오는 길 넙죽 인사하는 여인 있어
누군가 했더니 축제 때 날 봤다는 베트남 아낙
둘이 잘 비벼 꼬신내 나라고 축복해주었던
돌아서 가려는데 저기요 저기, 손에 쥐어주는
양말 한 켤레 시장통에서 여러 켤레 샀다는데
그중 가장 번쩍거리는 빨간색 날더러 신으란다

내 양말들 대부분 검정색 회색
평생 처음으로 빨간색
양말서랍 이제는 그 그릇도 비빔밥이겠다
양말에서 고린내 아니라
꼬신내가 날 듯해

소나기를 피하다가, 집

남방큰돌고래 붉은발말똥게 새뱅이
구럼비나무 층층고랭이
쪽물 바다 형형한 눈빛 같은 너희들
오줌 누는 소리 닮은 소나기가 한바탕
꽃무늬 팬티 널려있는 해안도로 친구 집
성聖 도마에게 늘러 붙은 돌문어가
살려 달라 쓱쓱 빌고 문밖에선
집 잃고 싸우는 강정시위대 비나리굿
너영 나영 두리둥실 놀고요
낮에 낮에나 밤에 밤에나 상사랑이로구나

한번은 이런 일이 있었대
크리스마스 이브날 성극이었다지
요셉과 마리아에게 방이 없으니
마구간에서 아이를 낳으라 해야 하는
여관방 주인 역을 맡은 꼬마 녀석
떨려서 대사를 그만 까먹은 거야
추운데 밖에서 아기를 낳으면 어떡해요
방으로 얼른 들어오세요 어서요
목사님과 신자들 모두 일어나 박수갈채
연극은 그것으로 끝나버렸고

세상에서 가장 훈훈한 성극이었대

4대강에서 쫓겨나 에비앙 수입물 마시는 마리아
구럼비 바위를 바수어버려 기도 바위를 잃은 예수
평화는 멀고 길 위의 우리 문신부님
어디서 오늘도 울고 계실까
알람이 울리듯 미사 때마다 우시는 분

파산도 안했는데 빨간 딱지를 아무 데나
갖다 붙이고 허무한 성령치료 같은 알량한 위로
초대장도 없이 쳐들어온 용역과 군인들
살림터 빼앗긴 설움을 누가 알까나

섬에 비가 내리면 섬비
예고 없이 섬섬히 내리는 소나기
"비는 우리가 사랑에 빠지는 것처럼
내린다. 예보를 무색하게 만들며, 느닷없이"*
빗속에서 집과 사랑에 빠지게 된다
머리 둘 곳 피할 곳이 있어 다행인데
고향에서 쫓겨나 터전마저 잃은 사람들
제 바다에서 추방당한 돌고래 무리

비옷 입고 시위하는 엄마들 보면
죄스런 마음 콕콕

* 마르탱 파주 〈비〉에서

귀를 기울인다는 것

새와 나비가 나를 보고 놀라 달아날 때
그동안 저지른 살생과 무심을 반성합니다
바쁜 사람들을 보면 죽음처럼 슬퍼져요
이익이 되는 사람들만 만나지 마요
꿀독에 빠지면 나올 수가 없지요
먼 산 동네만 수몰 될 것으로 믿나요

귀를 기울이기 전에는 모르죠
기타리스트는 눈을 감고 튜닝을 해요
가냘픈 외다리 새는 바람의 노랠 듣죠
제재소 옆에 사는 나무는 심장마비에
걸려 죽을 것 같지만 '오! 노우' 아니랍니다
죽음보다 간절한 것이 삶이니까요

귀를 기울여야 들리는 진실
은은히 여울져 흐르는 소리
창백한 묘지에도 마리아치 팡파르가 울려요
나와 당신은 이보다 나아질 거예요
창문 열고 귀를 기울이면 들리는 소리
놓치지만 않으면요 외면하지 않으면요

시는 경청의 작업, 말씀을 옮기는 역경
신비가들은 말하죠 천국에 가려면
먼저 죽기부터 해야 한다고
내 판단을 뒤로 미루고 귀를 기울이면
반딧불이 하나가 가슴에서 빛납니다

라싸의 감자 맛

아이들은 새끼손으로 코딱지를 파서
바다의 맛을 봐요 짭쪼르름
소라를 꺼내 파먹고 귀에다 대면
뱃고동 소리와 파도치는 심장소리
비릿한 해초의 향기는 코끝에 오래 남죠

까망소는 코뚜레를 하고 방앗돌을 굴려요
티베트의 마니차는 해와 달을 싸고돌고
소는 무슨 주문을 외며 맴도는 걸까요
우물아물 소가 되새김질 하며 내는 소리는
어떤 경전의 으밀아밀한 암송일까요

쌍무지개 피던 날 은하수가 춤을 추고
여행자들은 폭죽을 울리며 가든파티
냉장고에서 빙하를 꺼내 보드카를 부어 봐요
칵테일 얼음도 히말라야가 고향이래요

아둔하게 생긴 저 바윗돌을 주워
숯불에 달군 뒤 감자를 넣어 덮었죠
대지를 불태웠던 유성의 잔해일 수도
우주를 여행한 당신의 그을린 얼굴

표면이 타진 감자는 운석을 닮았어요

우주의 맛이 이런걸까요
찰지고 구수한 우주맛 감자
라싸에서 구워먹은 감자는
먼별에서 출가한 감자 스님 잘생긴 두상
빈자의 배를 채우는 산야신 Sannyasin
부싯돌 속의 불꽃으로 구운
오! 우주맛

도서관

"높은 곳에 달린 창문으로 햇살이 쏟아지고
나는 거기 오래도록 앉아있었지요
…… 발자크, 월트 휘트먼이
김 빠진 티백이라도 향을 머금듯
책들 속에 살아 있었지요"
– 필립 르바인의 시 '도서관'에서

수천 필의 논밭과 수만 섬의 곡식으로
배부를 수는 있겠지만 모래사장은 목이 말라
연거푸 파도를 집어 삼켜요
메마르고 투박한 이 땅에 처음 삽을 찍었을 때
농부의 아들은 흙이랑 나무와 살기로 결심했죠
넘치는 물은 책을 망쳐요 종이를 떡지게 만들죠
술을 취하도록 마시면 읽거나 쓰지를 못해요
어부의 아들은 아쿠아리움이나
맥주 집에서 화양연화 놀겠죠

모소 대나무는 5년이 되도록 고작 3센티 자라다가
어느 날부터 갑자기 폭발적으로 자란다죠
도서관에 죽치고 앉아 수많은 책들을 쪼개보았죠

쩍 쩍쩍, 최소한 5년 동안은 기다려줘요
여행지 우체국에서 다급하게 쓴 엽서는
5년의 부재와 눈물이 얼룩져있어요
떠돌뱅이 고갱이랑 죽기 살기로 다퉜던
화가의 일기장엔 분노와 아쉬움이
고스란히 담겼더군요
성금요일 죽은 이가 땅에 쓴 글씨는 성경책 속에
침침한 골방에 홀로 들어간 시인은
외로움으로 짜낸 즙 많은 수박을 쪼개요
빨간 핏물이 흘러내려요

모두 책들 속에 있었지요
마음이 급한 목련이 시도 때도 없이 피듯
나도 수시로 나무 곁에 찾아가서
피우고 펼치고 엿가래처럼 늘어져 가는
일거리들에 허덕여하면서도
여행용 트렁크엔 꼭 도서관을 넣어갔죠

라디오는 상냥하게 책을 읽어줘요
국군방송이 왜 슬픈 줄 아세요?
금서와 금기가 많기 때문이죠

돌덩어리를 구원한 로댕을 생각해봐요
허기진 영혼에게 기가 막힌 문장의 허밍을

포도 넝쿨과 벨벳 구름이 흐르는 대지에 누워
온 세월을 도서관에서 농부의 아들답게
갈고 엎고 씨를 뿌려 거두며
곡괭이질 삽질을 해대는 거죠
책 날개에 능이버섯 달리고
페이지를 넘기는 당신의 침은
보리된장국 같아요

기차 여행

나는 지상에서 가질 수 있었던 시간 중에
꽤 많은 시간을 기차에서 보냈다
기차에서 잠이 들었고
기차에서 책을 보았으며
기차에서 예언자를 만났다
그대를 그리워했다
어디론가 우리는 떠나야 한다
지금 나는 역 앞에 나와 있다
우리에게 쥐어진 돈은 그저 여비일 뿐
앞으로 그대는 재산이라 부르지 말고
여비라 불러야 한다

기차표를 쥔 사람들 속에 그대와 내가 서 있다

왕복표를 구한 사람도 있다
작은 가방을 둘러맨 자는 서둘러 돌아올 여행이다
아주 그곳에 눌러 살 작정으로 떠나는 이도 있다
그런 이들은 짐이 무척 여러 뭉치여서
마음도 가벼웁지가 않다

기차는 떠나고 남겨진 이들이 있다

오래도록 서서 손을 흔들어주는 사람이 있다
보통 가족들과 벗들이 철로 끝 보이지 않을 때까지
손을 흔들며 아쉬워들 한다
그러나 떠나는 이는 손을 한두번 말고는 흔들지 않아
그것은 모든 헤어짐마다 비슷한 광경이다

어쩌면 우리는 같은 좌석에 나란히 앉아갈지도 모른다
내가 혹시 외로워 말을 붙이면 외면하지 말고
친절하게 응대해 주시기를
그리고 당신이 살아온 이야기나 지혜를
조금이나마 들려주시길
우리는 기차 칸에서 손을 잡을지도 모른다
처음 만났지만 아주 오래 사귄 사이처럼
어깨에 기대어 잠이 들지도 모른다

종착역은 어김없이 다가오고
내가 먼저
혹은 그대가 먼저 기차에서 내린다면
부디 안녕! 안녕히
눈물이 들키지 않게
나는 서둘러 역을 빠져나올 것이다

장기자랑

모기는 특수부대요원 습격의 제왕이야
하늘다람쥐나 올빼미는 우아하게 날고
물총새는 정말 총알 같아 택배를 해보시지
원숭이는 아기를 등에 업고 나무 꼭대기까지
딱따구리는 어떻게 저 단단한 나무를
기어코 뚫어버린 것일까 오기와 끈기
지금부터 장기자랑 시간이 돌아왔습니다

부탄가스 토치를 사용해 난로에 불 붙이는 일
자취 생활자 기본기 설거지와 찌개 끓이기
커피콩을 잘게 갈고 아메리카노 물 맞추기
매주 하루는 신문사에 칼 같은 송고 십년 째
후다닥 그림을 그리는 일과 붓 빠는 일
매일 밤 침대 곁에서 요가를 좀 하고 자는 일
차에 접이식 자전거를 넣다 뺏다 하는덴 선수
여행 때 길 찾기 특히 길 없는 사막에서

누구라도 가장 자신 없는 건
사람 알아보는 법
천길 만길 변하는 물길 사람 속
생각하면 미열이 생길 지경이야

파파야 열매처럼 매달린 얼굴들 떠올리면
내 마음 같지 않은 남들의 마음
쓸데없이 정을 주고 후회를 한다

바퀴벌레는 꽁꽁 숨는 장기로 먹고 사는 거겠지
호랑이는 깨무는 재주가 보통이 아니시고
불개는 보름달 눈썹달 잡아먹는 재주가 남달라
김수영이나 백석은 시를 그냥 똥 누듯 쓰고
가난한 누이는 화장품 샘플을 얻는데 도사
태양은 가스충전을 어디서 하나 원없이 불타고
개미허리는 무슨 힘으로 종일 짐을 나를까

빠아리나 헝가리 우리동네 대방리는 술맛이 으뜸
문익환 목사는 삼팔선 건너뛰기엔 챔피언
다스 베이더는 복면 흑두건 계에서 대마왕
호날두와 메시는 닥치는 대로 골을 집어넣고
선동렬은 쩌렁쩌렁 울리는 스트라이크
당신을 향해 내가 던진 공은 어떻게 되었을까
당신을 향해 내가 던진 마음은 어떻게 되었을까
쓸데없이 정을 주고 마음을 주고

아름다운 여자에게

중세 신비가 힐데가르트 수녀는 보석을 좋아했다네
예쁜 옷을 차려입고 수녀복도 자유로이 알아서들
문하 수녀들에게 화관을 쓰고 다니라 말했다지
아름다움을 버리는 건 하늘의 뜻이 아니야
하느님은 여자야 아름다운 여자라고 어머니라고
하느님은 여자를 통해 자기 모습을 드러내시지
촉촉한 입술과 걱정어린 사랑과 맑게 씻은 별처럼
반짝이는 사파이어 눈을 가진 여자
까치발을 세운 굽 높은 하이힐로 순례길을 걷는다네

"안녕, 세상이라는 여인이여
다시금 젊고 미끈하게 그대를 치장하라"*

고층보다 먼저 지어진 2층과 1층에단 꽃집을 차리자
꽃다발과 꽃바구니를 내어 놓으렴
꽃마차는 세게 달리고 마부는 졸고 있어도
마침내 종점에 다다르니 아름다운 여인이여
은비녀를 선물하리라 가위를 가세라 부르던
울 어머니 이제 가세! 하늘로 가셨으나

나, 어린 여자의 앞머리를 가위로 잘라주고

눈에 가시가 박히는 일 없이 뒷머리는 은비녀로
그대 세상에 핀 모든 꽃잎을 가져다 뿌려다오
사랑에게 경배하러 달려가리니, 가세!

아름답게 치장한 여자여
인생이라는 숲의 낭랑한 해설가
해와 달과 별, 꽃은 고슴도치처럼 웅크리지 않는다
고요한 종소리는 부활절 계란 같은 싱거운 농담
울려라 종소리 춤춰라 여자여!
마음껏 자유롭게
혼신을 다해 사랑하고 표가 나게 즐겨라
죽음의 화살이 심장에 박히기 전에

* 헤르만 헤세의 시 'Leb Wohl, Frau Welt'에서

할미 등허리

등 굽은 할미는 장대비도 배나 많이 맞고
싸락눈도 업고 놀고 심지어 새가 앉기도 해
샘물 보타져* 고꾸라진 수국 같아 보여도
기역자로 고개 숙인 조선낫이 시퍼런 날을
감추고 있는 것맹키로 이 땅을 지켜온 여전사
사또행차 안 부러워 훠훠 그러기만 해도
묵정지 가시덤불 놀던 새들 겁먹고 달아난다
냇둑길 찌르레기가 찌릇찌릇 아픈 허리
어떻게 알았는지 찌릇찌릇 용한 점쟁이 같아
삭풍에 대숲 쏠리듯 한꺼엇 휘고 굽어서
댓바람 거슬러도 유연하게 산비탈을 내려가고
적막산천 갤갤 기침 소리로 채워 넣고선
경로당 다다르면 지팡이 호위무사 바깥에 대기
별똘 영그는 밤에나 귀가할 뽄새인데
등허리에 잔뜩 무얼 얹어서 오실텐가
할미 허리 닮은 저 수많은 산허리를 본다
수수만년 산허리에 얹혀사는 우주를 본다

* 마르다의 방언

밀양 송전탑

아찔한 꼭대기에 귀때기 파란 잎사귀 하나
이 전쟁터에 높이 솟구친 깃발
환타나 사이다를 먹은 것일까 잎사귀는
청량한 하늘과 트림 같은 샛바람

송전탑에 초승달이 뜨자 잎사귀는
조금은 외롭지 않게 되었고 그랬고
할매들이 벙어리장갑을 끼고 모였고
수녀님보다 더 말이 없이 되어 버렸고
고등어도 아닌데 소금을 뿌리고 있던
경찰의 스피커는 악착같이 자글대고
소리 없이 울던 잎사귀가 어둠에 잠기자
불침번인 달이 저라도 밤을 지켜주고파
전기가 흐르던 사랑이 내게 있었는데
테니스장의 그물 코트 같은 닭장차에
끌어가 결박해 버리고 추방해 버리고
사랑과 통하는 전기가 아닌 빌딩과
통하는 전기에 감전사하고 싶어 환장한
저들의 액션 느와르

뻘쭘한 송전탑에 걸린 달은 잎사귀 같아

마지막 잎새의 그 마지막인 희망
달이 뜨지 않으면 저 송전탑은
베어버려도 무방하리
강강수월래 달맞이 해줄 할매들이 없다면
세상에 달이 뜬들 무슨 소용 있으리

평행우주, 평행봉, 염소

나는 전생에 종이를 씹어 먹는 염소였을 것이기에
이 평행우주에 평행봉을 하나 세워 오르고 내리며
뒤집고 구르면서 염소 올림픽 체조 선수권
두 개의 뿔을 번갈아 사용하며 시를 짓는데
나의 금메달은 이 지면에 제대로 된 착지

다른 우주로 빠지기도 하고 수도 없는 헛발질
과거는 속절없는 카오스 딱딱해진 그리움
눈에서 소금물이 떨어지면 물먹은 종이 로티
배를 채우며 운동을 했다 무명선수는 죄다 그래

뱀은 염소를 피해 달아나고 염소의 종이똥은
잉크보다 검고 단단한 총알 같아서 뱀의
얇은 뱃가죽에 한번 박히면 그 시로 블랙홀
종이똥은 재래식 무기 가운데 유일하게
살아남아 은하계 여행의 대안 에너지

무중력 체조 연습을 게을리 하지 않을 것
삼시 세끼 종이를 잘 챙겨 먹을 것
검고 단단한 종이똥을 잘 눌 것
바위에 비벼 뿔을 날카롭게 갈 것

시인의 마을

감이 익듯 시가 익으면
따다가 입에 한입 물고
누군가 등경아래 시를 짓는다
시가 익는 마을
시를 읽는 마을
찬서리 몰고 온 추운 밤
유성우가 쏟아지면
시도 덩달아 하강 하는가
마을회의에선 저마다 주운 시를
한편씩 나누어 가지는데
밥을 나누듯 시를 나누면
가슴으로 마음으로부터
이웃들이 사랑스럽다
시인이 사는 마을엔
새집 느는 대신 시집이 늘고
노느매기 시를 나누다보면
시름겹던 세월도 잠시
하무뭇해지겠지

새의 노래와 파블로 카잘스

그가 떠나도 개암나무는 복화술사가 되어
똑같이 새의 목소리를 흉내낸다
나무에게 주술을 걸어두고 간 걸까
새는

유목민의 촌락에서 아기낙타 우는 소리를 들었다
어디 있니 뽀얀 얼굴을 가진 아기낙타
무리들 중심에 보호받으며 칭얼거렸지
뭐든 꼬마들은 대책 없이 새나오려 안간힘이야

어미 낙타가 잠든 밤에도 옥시글거리며
애들의 울음소리 황량하던 사막을
정 붙일만한 곳으로 만들어 갔다
모래바람과 화해한 오아시스엔
유칼립투스 꽃도 피어나기 시작했다

당신도 나도 한때 아빠였던 날이 있었지
아이가 잠든 방에 바짝 귀를 모으던 아빠
아이들은 훌쩍 자라 청년이 되었지만
그물 해먹을 걸었던 나무를 볼 때마다
어린 아이 하나 있어 단잠을 자는 회상

우북이 내린 봄비로 구두끈을 매자말자
개암나무엔 꽃이 피고 열매가 익고
평화와 화해라는 꽃말을 지닌 개암나무에
모꼬지중인 새들과 잎사귀들
피스 피스 하고 합창을 한다

백악관 연주회에서 카잘스가 그랬다던가
개암나무는 복화술사
입술을 오무리고 피스 피스
헤이즐넛 향기가 임신한 나무의
온몸으로 부푸는
복되고 복된 봄날이었다

생강

생강은 문둥병자의
짓무른 손가락 같아
생강을 쥐고
생강을 깎다가
생각하노라니
방바닥 어디 나뒹구는
손가락 없을까
손마디 끝이 사악
시려 오더라

주님의 개

인간 세상엔 개 같은 놈하고
개만도 못한 놈이 부대끼며 산다지
도미니크회 수도사들은 '주님의 개'라 불렸다
충직한 개로 살되 누군가의 개로 사는 일은
반편이 인생 같아 보일지 모르겠으나
누구와 한편이며 누굴 모신 개냐에 따라
명암이 갈리겠지

나무 그늘에 전세를 놓고 사는 개들
몽글몽글 배꽃이 피던 날
정분이 나서 합방을 하는 축복도 있다
묶인 개에게 찾아오는 자유로운 발톱
등을 긁어주렴 내 가려운 등을

주님의 사랑을 실천하는 개는
원반을 돌리는 곡예사처럼
능란하게 연애하고
능란하게 새끼들을 낳아 기른다
유행가 가락 사랑밖엔 난 몰라

주님의 개, 이런 개 같은 놈이라는

갈팡질팡 알 수 없는 호명
사랑하면서 오직 사랑이어서
욕을 얻어먹어 가면서

영혼의 세계로 가는 인천공항

너는 북쪽으로 가겠다고 했다
노르웨이행 야간 비행기
노르웨이란 북쪽으로 난 길이라는 뜻
온도계조차 어는 추위 곁으로
오로라를 한번 보고 싶다고 했다
오색 물감이 풀어진 하늘과
긴 해안선을 따라 걸어가는
순록의 뿔을 만져보고도 싶다 했다
너는 나를 떠나고 싶다 했다

인생은 결국 인천공항에서
북쪽으로 떠나는 연인과
헤어지게 되어 있는 것이리
말려서 될 일이 아니기에
여비를 준비하기로 했다
그림을 팔고 동전 몇 닢의
노래를 내다 팔았다
그러그러 너에게 여비를 건네는 밤
하얀 국화꽃도 같이 한 송이

기차의 일인용 침대에는

아리따웠던 시절의 사진 한 장
눈꺼풀은 쉬이 닫지 못하는 창문
울음을 터트리듯 눈발은
거침없이 쏟아지기 시작했고
우리는 키스 앤 세이 굿바이

오르골소리처럼 작고도 낭랑한
목소리가 금세 그리울 것이다
별가루가 묻은 눈썹 화장도
물끄러미 바라보며 미소 짓던 입술도
딱따구리가 파놓은 것 같은
마음의 상처까지도
모두 그리울 것이다
오래도록 북쪽을 바라보며
시름겹게 서성거릴 것이다

영혼의 세계로 가는 인천공항
사랑을 떠나보내는 출국장
검은 하늘로 이어진 활주로
혼자 남은 어둠속에서
살천스러운 밤바람소리

문상객들이 부르는 성가를
시큰거리게 듣고 있을 것이다

지루한 노래를 부르는 가수

나는 지루한 노래를 부르는 가수
양은냄비 물이 끓는 동안의 침묵이 좋아
극점의 꾀꼬리와 소프라노는 오글거린다
전도사 때 학비를 대던 교회에서 나와
변두리 떠돌다 들른 악기상가
말 걸어온 기타 한 대 있어 그 시로 동무했었지

땅거미 지고 어둑한 길모퉁이
통기타를 끌어안고 부른 노래들은
허기도 없이 주워 먹은 밥그릇처럼
일상의 음성들이 되어져 갔다

실과 바늘로 찢긴 곳마다 꿰매온 세월
악보는 실이요 기타는 바늘 한 귀
상처 나고 구멍 난 주머니를 봉한 뒤에
느리고 지루한 노래를 집어넣어 두었다

어두운 물소리와 밀입국자의 해진 구두코
비밀한 발자국 소리도 거기 담아 두었다
오래도록 내 노래를 사랑해준 한사람
골목의 소음들 속에서 내 목소리를

구별하고 기억해준 사람의 윗주머니

비구름과 하나로 공중에 살던 빗물이
어떻게 이곳에 내릴 수 있는 건지
어떻게 그 가깝던 둘은 헤어질 수 있었는지
거리는 금세 물기로 가득 찼다
희고 빳빳했던 옷에 빗물은 얼룩을 남기고
작별과 탄식으로 울먹이는 파두 가수여
내 인생 빗물의 노래가 전파를 탄다

흐리멍덩한 눈으로 코웃음 치는 세상 앞에
젖은 별빛들을 뿌려놓았음인가
날마다 일식이 진행되고 있을 은하세계에서
윙크한 검은 눈동자는 음표로 바뀌고
내 노래는 밤의 자장가로도 쓸모가 있음이다
지루한 노래는 얼마나 자장가에 충실한가

나는 지루한 노래를 부르는 가수
클라이맥스는 태어난 첫울음으로 대신하련다
요절 없이 길게 늘어진 테이프여
별 수 없이 오늘도 그냥저냥 버벅거렸지

지루한 방랑과 허탄한 소음이
길고 가늘게 뻗어나가고 있음이다

돼지 먹따는 돼먹지 못한 돼지의 꿀꿀이쏭
요강을 깬 복분자의 효능도 마침내는
졸조르르 하품으로 마무리되는 것처럼
자작자작 타던 자작나무가 숨을 고르고
졸아들 때 쯤 내 노래도 그만
가뭇없이 셧 업 하리다

두꺼비의 안단테 칸타빌레

다리가 넷인 의자가 걸어가는 걸 보았지
뒤따라 악보가 놓인 책상도 걸어가고
나는 그 걸음 따라 걸으며 연필을 깎았지
느릿하게 깎은 연필은 실하고 예쁘지 않던

라디오에서는 안단테 칸타빌레
달이 둥글게 차오르는 밤이었다네
동네 할매들은 저 달이 되기 위해
둥글게 몸을 말고 있을 것이리
돌돌 몸을 만 두꺼비도 달이 될 수 있을까

봄사월 오래도록 겨울잠일 물푸레나무는
두꺼비가 밝힌 보름달을 보지 못하겠구나
나는 잠이 없어 밤에 출몰하는 두꺼비를
종종 만나곤 하지
느린 음악을 듣듯이 말이야
차이코프스키는 만져보았을까
두꺼비 등때기를

정어리떼가 달려가는 태평양까지
평생 가보지 못할 자라는

자기를 닮은 바다 거북이를 본다면
깜짝 반가워 만져볼까
네발로 기어기어 요강에 앉아
똥을 누는 할매를 본다면 두꺼비는
혈육을 만난 듯 반가울까

두꺼비는 조금만 가속이 붙어도 멀미를 해
독까지 뿜는 재주꾼이 말이야
나도 세상의 속도와 기호에 자주 멀미를 느껴
크고 많고 넓고 빠른 것을 추앙하는 세상에
엉금정금 기어가는 책걸상과 손 편지와 시어들
이제는 당신 말고 누구도 사랑하지 않는 것들

첫눈에 반하는 초스피드 사랑은 잘 모르겠어
느리고 서투른 두꺼비 사랑이면 몰라두

히스테리아 시베리아나

물리학자 하이젠베르크는
보어의 원자 모델을 의심하였다
한번 정해진 궤도만을 돈다는 정설
하지만 궤도 바깥으로 빠져나가는
일단의 행렬을 그는 목격했지

시베리아 농부들은 평생을 바쳐
대지를 경작하다가 일순간 의심하며
괭이와 삽을 버려둔 채 서쪽을 향해
무작정 걸어가는 병을 앓곤 한단다
그걸 히스테리아 시베리아나라고 한대
이 행렬역학에 동참하고 싶지 아니한가

눈이 내리면 늑대개들은 울기 시작하지
뛰자고 무작정 눈길을 달려가자고
나비를 잡던 아이가 나비가 되어
숲으로 사라져가는 이 비밀
수피의 생애란 신을 향해 걸어가는
신성하고도 일탈된 여행
궤도를 이탈할 줄 아는 목자 알무스타파만이
푸른 목초지로 양떼들을 인도한다네

계획없이 무작정 살아갈 수는 없는 걸까
거북이는 알을 낳고 자기 갈 길을 간다
노랗게 불이 붙은 옥수수 밭에서
새들은 둥지를 틀고 둥지를 또 버리지
버려진 둥지는 그들이 여행자임을
입증하는 것이리

발목이 부러지면 그림자도 움직일 수 없다네
손마디의 체온을 서로에게 나눠주고
지금은 헤어져야 할 시간
깊고 쓸쓸한 포옹의 끝엔 뒤돌아서 가자
아이야 이제 기저귀를 벗고
서쪽으로 미지에로 걸어가야 해
길잡이 늑대가 수호해 주리니
엉덩이를 샐쭉 들고 너의 갈 길을 가라

파초와 동거

파초를 심기로 했네 내 키만큼 자라겠지
파초를 만나기로 했네 내 가슴만한 파초와
끌어안으리 여름의 속달우편 받으면
답장하리라 파초를 연모하고 있다고
파초도 나와 함께 춤을 추기 위해
하이힐을 높이겠지
밤마다 터지는 별 폭죽
풀여치와 휘파람새 악단도 준비됐다네
누구랑 사느냐 물으면 파초와 살고
있다고 대답해야지

소나기를 피하고 눈도장도 피해가며
내 숨을 곳 의지처인 파초여
안으로 중심으로 푸른 물 스며들어
발끝까지 물들었네 푸른 그림자
관계 속에 상처받고 아픈 시절엔
깨끗이 정리하고 원점으로 돌아가는
용기 있는 너의 결행
파초를 심길 참 잘했네
누구랑 사느냐 물으면 스승과 살고
있다고 대답해야지

나는 로빈슨 크루소라는 카약을 탄다

집에 카약이 있다, 이름은 로빈슨 크루소
숫염소처럼 생긴 고독한 카약에 올라타
강물을 저어 흘러가면
한달음 마도로스가 되고는 한다

물보라빛과 빛나는 입술을 나누고서
느린 곡조의 이별 노래를 부르기 전에
카약에 앉거나 피아노 의자에 앉으면
케틸 비요른스타드와 첼리스트 달링의
나직한 음율 '리버River'가 들려 왔었다
카약은 물의 소리를 주워 담는
대야이거나 수조가 되어 주었다

북극성 주위를 맴도는 떠돌이별처럼
카약은 멀리 가지 않고 앵두꽃이 지는
저물 무렵 집에 돌아오고는 하였다
가족사진에 없어도 로빈슨은 내 가족

나무들은 서로 깍지 낀 손가락
비구름은 약속의 성수를 뿌리고
반쯤 물에 잠긴 로빈슨은 물끄러미

물 꾸러미를 풀어 어린 물고기들의
숨을만한 그늘이 되어주기도 했다

시골 유모차엔 아기 대신에
무나 배추 몇 포기가 타는 것처럼
내 카약에는 시와 별과 구름과 음표가
탔고 나는 이를 읔물고서 노를 저었다

물앵두가 익으면 다시 오마고 강물에게
손을 흔들어 약속했었다 오늘이 바로 그날
강물의 릭샤꾼인 바람이 건들 불고
주술의 길이 열리자 나는 객사 앞에서
로빈슨을 기다리고 있었다

엔젤 트럼펫이 피어 굵은 목청으로 뱃고동
카약이나 첼로가 되기도 했던 나무를 깎아
날쌩한 노를 하나 장만하였다
앵무새가 나무의 뾰족한 끝에 앉아
헬로 헬로우 사람처럼 인사를 건넸다

앵무새에게 말을 가르친 건 잘 한 일일까

내가 시를 쓰는 건 정말 잘 하는 짓일까
고독감을 견디는 장치
항해란 어딘가 되었건 외로운 법이니까

말귀

분명히 산으로 간다고 말씀드렸는데
당신은 강으로 걸어가시더군요
그래서 나는 다시 시냇물 따라
강으로 달려갔었죠 당신은
빗물이 되어 산으로 오르시대요
우리는 자꾸 엇갈리고 빗나가기만 해요

은청색 물고기들은 산란을 하러 오르고
저기 흑곰들이 모여드는 것을 보세요
곰들도 뱃속에 아기를 키우고 있죠
나뭇가지가 뚝하니 부러지는 소리
찬바람이 나무를 흔드는 소리만으로
미련 곰탱이도 겨울잠을 차비하지요
말귀를 알아먹고 살아가는 거 보세요

아보카도 과수원길

당연히 신이신 당신 그래서 당신
흑사병이 휘도는 시절 성외시민들은
스스로를 구원하기 위해 과수원을 일군다지요
입덧이 심해 고생하는 당신을 위해
시고도 달달한 매실차를 끓여봅니다
매화나무의 씨요 열매인 매실을 보니
사람의 씨로 열린다는 아보카도가 문득 떠올라
고환을 뜻하는 아즈텍의 말 아후아카티

여름 날 동티모르 피스커피 갤러리
커피 농사꾼들을 위한 초대전에 다녀왔어요
아보카도를 갈아 라떼 만들듯 커피에 담뿍
매일 두어 잔씩 행복한 대접을 받았지요
커피와 아보카도의 극적인 만남이라니
남국으로 떠나 아보카도 과수원을
일구며 사는 삶을 상상해 보았어요

과일킬러 예수는 무화과나무를 사랑했다지요
저주와 미움은 그만큼 애정했다는 증거
또 포도나무를 짱 사랑했다지요
포도밭에서 한껏 취하다 간 술꾼이요 먹보

나는 지금 이 산촌에서 매실밭의 주인이에요
장차는 아보카도 과수원의 주인이고 싶어요
고환을 닮은 아보카도를 바지주머니에
구겨 넣고 이루지 못한 사랑을 꿈꿔볼래요

당연히 신이신 당신 그래서 당신과 나는
장차 과수원을 해보는 겁니까
과수원길 같이 산책하는 겁니까

늑대와 함께 춤을

행성의 고원에는 늑대들이 산다
갈기를 세우고 진눈깨비를 터는 늑대들은
야생 그대로 눈 푸른 나그네를 반겨준다
오래된 돌은 사원의 부처가 되기도 하고
늑대들의 피할 굴이 되어주기도 한다
병든 당나귀를 뜯어먹고 탈이 나 죽은
식구를 위해 무리들은 서럽게 울었다

양귀비꽃 비에 젖어 뚝뚝 지던 날
불어난 물로 강물을 건너지 못하고
애타하는 새끼 늑대들을 보았다
옥수수대 사그락거리는 마파람 불자
늑대 우두머리 길을 멈추고 우우 짖어댔다
어쩌누 이런, 발을 동동 굴렀다

큰 별 하나를 일곱 개의 별이 에워싼
플레이아데스 성단엔 바빌로니아의 여신
이슈타르가 산다
두 개의 물병을 든 여신이 다급하게 강물을
퍼 담았고 뭍이 드러나자 길이 생겼다

폭우 그치고 소도록히 난 길을 따라
늑대 가족은 다시 만나 볼을 비볐다
이 별은 머잖아 늑대들의 환호로
화성학을 발전시켜나갈 것이리
신은 늑대 무리들을 돌보신다
산 너머 산, 들 너머 들, 별 너머 별에도
다이너마이트로도 꺾을 수 없는 것이 있다
그것은 의지다
신의 의지는 사랑이고 또 사랑이다

전국노래자랑

전국 노래자랑! 짠짠 짠짠짠 짠짠…
검은 테 두른 액자 속으로 빨려 들어가기 전
사람들은 테레비에 나와 노래를 부르고 싶어해요
애견도 반가워서 브라운관을 싹싹 핥고
핫팬츠 입은 과년한 딸을 위해 해병대 박수

팔도강산 노래에 죽고 살고
인생은 딩동댕 땡 죽거나 말거나죠
자랑할 것이 많아서 군수님은 단골손님
출연자는 부끄럼이나 창피함 같은 거
집에다가 고이 모셔놓고 오세요

인류는 처음 "전국~ 노래자랑~"
이렇게 시작했는지도 모르겠어요
환자들이 환복을 하고 숨어 구경중인데
간호사 아가씨 주사기를 들고 쫓아왔다가
대관절 마이크를 집어 들어요

전국적으로 비바람이 치는 날
떠돌이 물귀신 노래가 좋아 대숲을 흔들어요
녹화방송인지 저긴 날씨가 참 좋으네요

아짐씨들 궁둥이가 호박만큼이나 커요
뭐가 그리 좋은지 입은 수박만큼 벌어져요

거지 찬가

거지는 아무 걱정 없이 찬밥을 먹네
누우면 안방이요 죽으면 천당
한뎃잠 자면서도 단꿈을 꾸지
거지는 부자보다 외식을 많이 한다네
아니 그냥 쭉 하니 외식인 게지

사막선인장 가시에도 찔리는 법 없는
바람처럼 애지중지할 몸 따위 없네
꽃이 피면 꽃 곁에서 오래 잠들지
자신의 더러운 냄새보다 꽃향기를 먼저 맡네
거지는 시계가 없고 초조한 약속도 없지

빼앗길까 욕심낼 재물 따위 없고
가로등 불빛이면 오케이 전기세도 공짜
공중화장실에서 대충대충 공짜 목욕
엄마가 보고 싶으면 아무데서나
엄마아~ 하고 목 놓아 울어도 괜찮아

더우면 애들처럼 분수대에 뛰어들고
추우면 예수를 잠깐 믿어 온정을 얻지
성당은 착한 거지들의 여인숙이라네

당신은 집에서 쫓겨나면 갈 데가 없지만
거지 신세 오란 데는 없어도 갈 데야 많아

해바라기와 밤별을 사랑한 거지 화가
독한 압생트에 취해 오줌을 싸고
꾹 참았던 오줌을 눈 다음에는
다시 취하는 일 외엔 계획 같은 거 없네
팔리지 않는 그림은 그저 애석할 따름

거지는 끝내 웃게 될 것이지만
부자는 끝도 없이 허기진 욕심으로
고독한 최후를 맞게 될 것이라네
행복은 가난한 마음에서 꽃피고
거지는 발뻗고 잠들면서
엄마 꿈을 꾼다

설국

눈밭은 미끄럼틀 발목을 접질리고
독한 파스 냄새 풍기며 절름발이 절뚝
목화는 허리에 여러 개의 뭉치 솜을 둘렀네
제 몸 먼저 따뜻이 채비를 마친 게야
목이 긴 양말을 꺼내 신었는데
꿈속처럼 발목까지 폭설의 조짐이야

눈 쌓인 마을 긴팔원숭이는 온천을 찾고
지그시 눈을 감으며 명상을 한다
저를 뉘 산승이 흉내라도 낼까
객지 잠 자야하거늘 여관방은 동나고 없네
교회당 베이비 상자에선 아기가 울고
서리 맞은 그 애기
눈꽃보다 하얗겠다

감나무에 매달린 감이 한 개도 보이지 않을
때에는 새들마저 배가 고플 때
이 순간의 기쁨을 떠 마시기 위해
그대 멈추지 말고 지금을 살아가라
어제의 나라는 이제 세상에 없다네
사람이 사는 마을엔 일찍 눈이 그치리

다리를 절며 절뚝이다가 홧홧한 파스에
기운 냈더니 저기 또 집들이 보여

머잖아 우리는 설국에서 만나
침상에 나란히 누워 창밖의 별을
헤어볼 것이라네
죄짓지 않고 산다면 그런 날이 꼭
한번은 오리라 나는 믿네
천국은 감지덕지, 설국에서 우리

우리말 달이름

1월 해오름달, 새해 아침 해가 힘차게 솟아오르는 달
2월 시샘달, 잎샘추위 꽃샘추위로 겨울의 끝달살이 달
3월 꽃내음달, 남녘에서부터 봄꽃 소식이 들려오는 달
4월 잎새달, 저마다 잎들이 초록빛깔로 다투어 우거지는 달
5월 푸른달, 마음마저 푸르러지는 모든 이의 즐거운 달
6월 누리달, 온 누리에 생명의 숨소리로 가득차고 넘치는 달
7월 빗방울달, 초록잎사귀들 신명나는 장맛비 내리는 달
8월 타오름달, 불볕더위로 하늘과 땅, 가슴조차 타는 달
9월 열매거둠달, 가지마다 논밭마다 열매 맺고 거두는 달
10월 온누리달, 누리 가득 달빛 그윽하여 넉넉한 달
11월 눈마중달, 가을에서 겨울로 달려가는 첫눈 내리는 달
12월 매듭달, 몸과 마음을 가다듬는 한 해의 끄트머리 달

*처음엔 물오름달, 견우직녀달, 하늘연달, 미틈달…
이런 달이름도 썼다가 조금씩 고쳐갔다.

마중물

우리 어릴 적 작두샘*에 물길어 먹을 때
마중물 이라고 있었다

한 바가지 먼저 윗구멍에 붓고
부지런히 뿜어 대면 그 물이
땅 속 깊이 마중 나가 큰물을 데불고 왔다

마중물을 넣고 얼마간 뿜다 보면
낭창하게 손에 느껴지는 물의 무게가 오졌다

누군가 먼저 슬픔의 마중물이 되어준 사랑이
우리들 곁에 있다

누군가 먼저 슬픔의 무저갱으로 제 몸을 던져
모두를 구원한 사람이 있다

그가 먼저 굵은 눈물을 하염없이 흘렸기에
그가 먼저 감당할 수 없는 현실을 꿋꿋이
견뎠기에

* 처음엔 작두질, 펌프질로 썼다가 작두샘으로 고쳤다.

포도밭에는 포도주가 있고

벌겋게 달아오른 포도들이
대낮부터 취해서
바람만 살짝 불어도 휘청거리는 포도밭을
나 비틀거리며 지났네

포도밭집 소아마비 막내딸이 연주하는
쇼팽의 피아노 소품이 폴란드의 저녁처럼 쓸쓸하고
누이는 공장을 빠져나와 버스를 기다리는데
여대생과 사랑에 빠진 사내는
이별의 선언을 가지고 약속장소에 앉아 있네

누이여 포도밭에서 취하고 가라
여행을 할 줄 아는 사람은 포도밭을 그냥
지나치지 않는다
포도밭에는 포도주가 있고
포도주는
인생을 다 알고 있다네

수양각

수양이 부족해서 수양각 붙여놓고
생태뒷간엔 드럼을 치는 재즈 연습생
쏴아쏴아 댓잎 바람에 쓸어내는 허물
엇박자난 인생이여

담양에서 십년 넘게 살고 있느니
제법 대숲 귀신 축에 낄까나 몰라
뇌성우에도 기어 수양각을 찾는데
한 시름 놓고 열 시름 덜어가는 곳

변소 다녀가듯
바람같이 씩 왔다 가면
청대도 몇 해 좋다말고
댓이파리 푸르다가도 지고

수양 밖에 다른 길이 없다

바다로 가는 기차

커피는 먹고 사니? 밥은 안먹어도 그닥
왜 그렇게 웃어요 그만 좀 빤히 쳐다보세요
책 읽으려고 몇권 가져왔는데 골라보렴
책은 나무가 맺은 가장 달달한 열매래
소라과자 그리고 요건 사브레 좋아하는
과자예요 당이 떨어지면 우울해져서요
레드 제플린은 카슈미르로 가고
우리는 바다로 가자구 진짜 소라를 보자
가로수길 신사동 말고 기로슈는
그리스의 빵 바닷가에서 먹었던 아침 빵
기억나니? 강아지풀이 자라던 조르바 무덤
빵 좀 먹어보렴 찐 계란도 여기 있는뎅
소금 대신 눈물을 찍어먹으렴
건너편 아가는 "앞뜰과 뒷동산에"
우리는 바다로 가자구 진짜 소금을 보자
하모니카를 더듬는 파도의 입술
바다의 자장가를 밤새 듣기로 하자

바람의 약혼녀

들비둘기 화살표를 그으며 날아가고
곱슬머리 아이는 잽싸게 활을 쏘았다
안된다 애야 비둘기는 바람의 약혼녀
아이는 피에 굶주린 사냥꾼의 눈을
닮아가고 있었다

아프리카에 처음 발을 내딛던 순간
들소의 피 냄새 홍학은 피에 젖은 깃털
미국인 누구는 라이언 킹을
재미삼아 죽이고 김득구를 사각링에서
죽게 만든 건 돈이었을까 불운이었을까

약혼녀가 화살에 맞게 될까봐
바람은 그 어떤 날보다 세게 불었다
화살은 비둘기를 따라잡지 못했고
아이는 허탈해하며 주저앉았다

활에 화살대신 꽃가지 꺾어
장전해주면서 저녁에 먹으려던
빵조각 성체를 떼듯 나눠가졌다
빵 하나에 여럿이 목숨 건진다

시천주 조화정

분화구에 재물로 인명을 바치기도 했더란다
토굴 옆엔 장작더미가 높이 쌓여있나니
난로는 찬바람나자부터 활화산
그녀를 닭도 아닌데 동상우닥*이라 불러가며
해남산 물고구마를 솔솔 빼앗아먹었다
군고구마는 황금빛 용암되어 흘러 내렸다
화정씨는 성이 조가인데 아버지는 천주님
보리쌀로 보릿고개 연명하던 보살이었다가
대일밴드 붙이듯 세례명을 붙이더니
성당에를 다녔다 시댁에 맞춰야 쓰겠다면서
시대에 맞춰야 한다고로 첨엔 알아 들었다
화산재 날리는 담배연기 속에서
시숙님 시숙님 불러싸며 애교 섞인 아양
화정씨를 만나면 동학도 천도교 교령쯤
되는 냥 주문을 외워본다 시천주 조화정
시댁에 맞추고 시대에도 맞추다보니
장가를 안 가본 신부님이 주례를 섰단다
늦은 나이 결혼식에 가지는 않았다
미사가 주문보다 길 것이기에

* 동생댁(동생 부인)

게릴라 시인

사랑은 발길을 멈추게 만듭니다
"맛동산 먹고 즐거운 파티…"
오늘은 마법의 양탄자에 둘러 앉아
다과와 함께 시를 이야기해봅시다
'안개에 잠긴 시가 아닌 흙의 시,
카페의 시가 아닌 자연의 시,
방안퉁수의 시가 아닌 광장의 시'*가
있긴 있는 겁니까, 니까노르 빠라 씨!

아이들은 벽화를 그리듯 담벼락에
시를 썼다 지웠다 하면서 놀았습니다
잠든 사이에 첫눈이 내린 것처럼
당신은 항상 쉬지 않고 일하셨습니다

어둠이 물러나고 빛의 날이 밝아올 때
빼어나게 높이 뻗쳐오른 해바라기
혼자 있기 두려워 자주 사랑을 찾듯
게릴라는 백주대낮임에도 보란 듯이
활보를 합니다 꽃들이 피어 있는 골목들을요
나를 위해 엄호사격을 부탁드려요

우리가 이 싸움에서 이기긴 이기는 겁니까
행여 전세가 불리하게 돌아간다 할지라도
저격수인 당신은 차가운 총구를 돌려
자기 자신을 처단하진 마십시오

설산의 어둠을 걷어내는 달빛처럼
칠흑의 밤에 은은히 빛나는 희망의 거처
모든 게릴라들이 집결하는 그 산막에서
다시 만나기로 해요
마법의 양탄자를 타고 맛동산을 먹으며
글쩍인 이 시를 내 사랑이여 그날 밤
또렷또렷 낭송해 주시겠어요

* 니카노르 빠라의 시에서

겨울나무 성자

화가들은 윗옷 그리는 게 어려운 일이라
옷을 벗겨 누드를 그린다는 우스갯소리
겨울나무를 그리는 일은 얼마나 간단한가
그러나 잎사귀들 무성하고
새들 날아와 앉은 모양까지 그리려면
하루가 뭐야 이틀도 모자라지

겨울나무는 얼마나 단순하며 소박한가
죽하니 직하니 외로운 빗금 하나 긋고
마음모아 뿌리에 기운을 집중한 뒤
밑으로 아래로 바닥으로 더 낮게
끝내 살아남아 견고히 버티는 일이야말로
존재의 의미를 다하는 삶의 자세겠다
하루를 다만 감사하는 마음가짐
거추장스러운 무엇들 다 내버리고
한 가지 빛깔 한 가지 마음만으로도
이렇게 깊고 뜨거울 수 있다는 것을

오종종 종종 모여 있던 눈들 녹고
시련의 바람 다 물리친 뒤
고로쇠나무 옆구리 성혈이 터지면

옹이마다 예수의 못자국, 자 ─ 부활이렷다
푸른 성좌를 머리에 인 어느 날
가난한 화가의 그림이 되어
나무는 겨울나무는 되살아나서
뉘 발끝까지 길게 늘인
불멸의 그림자여

알아듣지 못하는 말

어떤 책에서 거문고 소리를 엿들었다
"슬기둥 덩뜰당뜰 당다짓도로 당다둥 뜰당"
덜커덩거리며 기차가 내달리는 소리도 같고
여행비둘기가 쉬면서 내는 울음소리 같기도
이해할 수 없는 말씀은 다만 소리일 따름
이제부터 나는 소리 명상을 시작하련다

하늘은 왜 번개로 찢어 무섭게 말하며
파도는 왜 철썩거리면서 수 만 번 되뇌이는가
얼음이 녹으면서 내는 청맹한 음성
버드나무 정령은 무녀를 당겨 부르고
신당에 보란 듯 걸린 늑대 가죽에서
매발톱꽃 향기가 났다 그 풀밭에서 늑대는
잠이 들었으리라 알아듣지 못하는 말을 하는
사냥꾼 무리에게 덜컥 붙잡혔으리라

내몽골의 무당은 동경과 은경을 맑게 씻고는
내게 말했다 알아듣지 못하는 말로
난 곧바로 소리 명상을 시작할 밖에
거문고가 내는 소리처럼 굵은 음성으로
암사슴 가죽과 낙엽송으로 만든 북을 치며

다시는 여행하지 말며 다신 떠돌지 말라고
소금별에서 짜디짠 생선이나 구워 먹으며
이제는 은하성계를 그리워할 때 아니겠냐고

가죽 속, 가슴 속까지 닿는 주저리주저리
처음 해독했다 알아듣지 못했던 말을

사랑고백

왜 당신은 내 주머니에
손을 쑥 집어넣는 것입니까
내 죄고만 어깨에 팔을 걸어 저으면서
내 가는 길 같이 걷자 하십니까

어금니 깨무는 결심이여
기회와 셈법 모두 마다하고
뼈가 시리도록 가난한 골짜기
함께 오르자 하십니까

이름에 대하여

이름은 얼핏 들었으나 본적이 없는 친척들
우연히 만나도 알지 못하는 사이라
스쳐 지나가 버릴 뿐인 먼 혈육들
이름이라도 특이하면 어디서 들은 기억으로
혹시 누구 아니냐고 물어볼 수도 있었겠지

그래서였을 것이다
그래서 그렇게 길고 예쁜 이름
달콤한 이름을 지어주었던 것이리라
이름을 기억하는 누구에게라도
한눈에 당겨 앉아 마주보며 반가우라고
이 세상엔 없을 거 같은 귀하고 드문
이름을 총총 매달아 주었으리라
알락꼬리 마도요, 새의 이름표를 보았지

임의진을 외국인들은 이매진이라 발음해
이매진 올 더 피플 리빙 포 투데이…
알락꼬리 마도요처럼 길고 예쁜 이름
존 레넌이 총에 맞은 뉴욕 아파트 입구
불꽃같은 삶을 살다간 이매진이라고
비범한 세월을 살다간 이름 앞에 꽃을

존재했던 모든 사람은 결국 나의 일원
안개 속에 들어가면 안개의 한통속이듯
노래방의 애창곡을 모두가 사랑하듯
누구나 그를 만나면 시장기가 돈다네

당신의 이름을 기억하고 불러주는 일
그것이 나의 노래이고 사랑이라네
노래란 이름을 부르는 속삭임
이름이란 우주와 시간, 전부를 가리킴이지
당신의 이름은 위대한 신의 호칭이고
마도요는 하늘을 떠나 이 땅에 찾아왔다네

바닷가에 상을 차리고

과자들 알사탕과 피자와 어떤 날엔 배달 치킨
찬바람이 부는데 바다를 향하여 차려진 상
노란 풍선과 노란 리본과 노란 종이 뎅 - 우는
잊지 않겠다고 기다리겠다고 다짐한 편지까지
이 상을 차리고 엄마는 얼마나 많이 울었을까

이 상에 네가 좋아하던 과자 봉지를 뜯고
새들이 날아와 먹을 때 또 얼마나 가슴 아렸을까
바닷가에 상을 차리고 나는 육지에 앉고
너는 바다에 앉아 우리는 오늘 처음으로
몇 마디 이야기를 나눌 수 있었구나

잔잔한 파도 같은 차분한 미소를 지닌 소녀야
어쩌다가 넌 파도가 되어 몽돌 사탕을 깨물었니
아침마다 물보라로 머리 감고
해풍으로 머리를 바싹 말리고 난 뒤
보고 싶다던 바다 실컷 보며 살아가는 너

그러다가 임회면 팽목항 등대에게 찾아와
엄마가 차려놓은 이 상을 한번 씩 매만지고
돌아서는 네 마음은 어떤 것인지

미련이 남은 것이니 억울해서 그런 것이니
너무나 보고 싶고 너무도 살고 싶어서

바닷가에 상을 차리고 나는 육지에 앉고
너는 바다에 앉아 우리 말없이 한참을
웃다가 울다가 으스스 몸을 떨기도 하였지
닿을락말락 파도는 네 간절한
손끝만 같더구나

저녁기도

치매 앓는 할아범은 전족을 한 것도 아닌데
비척거리다 엎어지다가 산빼미로 내달음치고
오이소박이 넣은 냉면 한 그릇 비비다말고
할매에게 다급히 뛰어가서 사태를 보고하고
감기로 가래 끓던 할매 뭐라저라 해대 쌌고
냉면은 흐물지물 퍼져설랑 씹는 재미조차 없다

산의 겨드랑이에선 할배의 땀 냄새와 지린내
깔끄막 담박질로 내려오던 할아범 빤스에다
똥까지 싸지르고 나면 할매의 하루가 마침표
비로소 평온한 저녁이 찾아드는 것이었다
'오늘도 무사히'
두손을 모아 기도하던 소녀가 저렇게 늙었어라
인생의 어느 저물 때

폭풍의 언덕

새가 발자국을 남긴 모래더미 고양이가 똥을
누고 가기도 한다 모래는 모레도 모래
마찬가지 무덤은 무덤덤하게 무덤이야
폭풍우 치는 날 우산을 쓰고 마당에 서니
바짝 긴장한 꽃들 꼿꼿하게 서있구나

팬지는 패대기쳐진 노동조합처럼 엎드려 피고
아네모네 꽃양귀비 팔레스타인 PLO인가
강인한 생김새로 비바람 맞서고 있다
녹두꽃 피면 녹두장군 생각나서 물큰해져
쿠바의 국부인 농부 시인 호세 마르티처럼
갑오농민들 전쟁에 승리했다면 광화문광장은
혁명광장 되어 임금의 자리에 전봉준이
폭풍의 언덕 차지하고 있었을 텐데
파랑새는 이 난리 통에 어데 둥지 틀었을꼬
독재자들이 자자손손 해먹는 나라에서

우산을 솔가지에 묶어 꽃에게 양보하고
후드티 모자를 뒤집어썼다
꽃이나 돌보며 비바람 염려하는 내가 슬퍼져
꽃이나라고 해서 미안해 정말 꽃들아

시인과 농부

채찍처럼 쓰라린 들바람 맞으며
발이 푹푹 빠지는 흙투성이 고행
입이 눈보다 아래 있는 것은
겸손하게 살라는 뜻
농부의 허름한 옷차림은 성자의 풍모
말하지 말고 몸으로 살아라 하셨지

물끄럼말끄럼 곁눈질 하는데 저쪽서
열루 조깐 앉았다 가셔잉 자운영이 좋당케
즈그 마누라 쓰다듬대끼 퍼런 낫을
매만지면서 가까이 오시는데
무서워 누가 짝짜꿍질 하러가나
시말테기 하나 없는 무당의 징소리
그런 소리가 뱃가죽에서 났다

막걸리가 들어갈 시간인 게다
나폴리 시칠리 대방리 막걸리
리 리 리자로 끝나는 말은
술 한배 돌아가면 모든 말이 시가 되고
시인들은 집구석에서 애나 봐야 돼

논두렁 밭두렁 이 원고지처럼
그어진 대지에서 그는 시다
몸으로 쓴 한편의 시
이마의 주름에도 베낀 시 한편
잘 읽고 취하여 돌아오는 길
별똥별 떨어져서 마침표 찍고

섬

빗길 보도블럭은 물고기 비늘 같아
청어떼 건너가듯 인파는 흘러가고
부표를 베고 누운 지린내 풍기는 노숙자
소금기 훅훅 올라오는 영락없는 해변 풍경

어릴 적 고기 잡던 꿈을 꾸는가
배식 웃다가 다시 곤히 잠들고
비둘기떼 갈매기처럼 둥둥 날아
뱃고동 울리는 시내버스 항구

나폴리 민요를 부르는 성악가수가
라디오 주파수에 잠시 잡혔다
망망대해 횡단보도 걷다말고
나는 섬처럼 홀로 서 있었다

회전목마

도중에 내릴 수 없는 이 회전목마
짧은 꿈이라도 꾸면 다른 행성으로
돌고 돌아 새로 태어날 수 있으려나
디제이여 기상나팔곡을 틀어주오
음악이 그치면 목마도 멈추고
나는 머플러만 남긴 채 사라져버릴
백야의 그림자

손에 들린 공깃돌을 건네는 너는
은하에 꽉 찬 별들 가운데 다섯 개
저편의 잠에서 깨어난 회전목마는
그곳에선 어떤 노래가 흘러나올까
별 다섯개 짜리 노래와 영화
껌을 뱉지 않고 삼켜버린 아이가
깔까르르 웃으며 발 구르던 목마

오! 말발굽소리도 경쾌하여라
꿈을 깨면 하, 꿈에서 깨나면
산수유 피기 전에 태양이 먼저
노랗게 타오르는 청명한 봄날
나는 어느 별에다 손을 뻗어

파트너를 구해볼까, 아니다
너의 허리를 안고 춤을 추련다

회전하면서 빙그르르 회전하면서

조장

악의 없이 눈과 눈이 마주쳤을 때
시신을 파먹던 검은 새의 부리에
빨간 핏물 수두룩 맺혀 있을 때
염사와 독수리는 가쁜 숨을
몰아쉬며 주검을 해체하고 있었다

언젠가 나도 너에게 살점 하나
건네주어 새의 심장에 도는
피톨이 된다면 되어줄 수 있다면
붉디붉은 하늘을
마음껏 날아다닐 수 있을 텐데

눈물보다 습하고 끈적거리는 침을 섞어
목구멍으로 넘기는 육신
우주 목구멍으로 꺼져가는 목숨
무성하게 어둠속으로 난 빛의 길 따라
삼켜진 발자국

검은 새의 목에 걸린 뼈와 같은 낮달이
마지막 가는 길을 배웅 해주고
지상의 한 끼니를 해결한 뒤

홀연히 날아가는 혼과 독수리
자유로운 목숨들

오랜 입맞춤

- 1910년 프랑스에서는 기차역에서 키스를 금지하는
일이 있었다. 연인들의 진한 키스로 기차는 늦게 출발하고
연착하기 일쑤였단다. 지난 2009년 영국 북부 체셔 Cheshire
주에 있는 워링턴 뱅크 키 Warrington Bank Quay station 역에서도
키스 금지 표지판이 등장했다.
"작별 키스로 교통 체증이 야기되고 다른 이용객들에게
불편을 끼친다"는 이유에서다. 환송하는 차 안에서 너무
오랜 작별 키스를 나누는 바람에 '도로'가 혼잡해져 '도리'가
없었단다. 기사에 따르면
"주차장에 주차비를 내고 들어가 맘껏 키스를 해라."

만나는 일도 헤어지는 일만큼이나
아프고 가슴 졸였으면 좋겠다
너무 쉽게 우리들은 만나고
넘비라던가 금세 식어버리는 인연들
당신은 진한 키스의 기억을 가졌는가
입술을 떨며 나눈 약속을 믿고
그 약속 말고는 다른 어떤 말도
하지를 마시라 입맞춤을 건네고
지키지 못할 약속이라도 하나쯤
오래도록 가슴에 품어보고만 싶다

미황사 엄마종, 남녘교회 아기종

성령강림절 헌금을 모아 범종불사를 했다가
이단 삼단 연탄 사탄 구공탄 소릴 들었네
스님은 범종 달고 남은 시주로
교종을 달아 주셨는데 교인들이랑
축하예배 첫 타종식 할머니 교인들보다
많은 새떼들 찾아와 종소리를 반겼네

여공 생활하시다 고향에 다시 돌아와
농사짓고 평생 사시던 종지기 할머니
살다살다 요로코롬 이뻔 종소리는 첨이여라우
시님~ 범종 달믄서 맹근 종이니께
자슥 같겄소야 자조자조 놀러오셔라우

땅끝마을 해남 미황사 가면 엄마종이 있고
다산초당 옆 마을 강진 남녘교회엔 아기종이
그렇게 생겨나 전설처럼 오늘도
종소리 그윽하다

먼 산골짝까지 그 울림
그리운 날이 있다

벽과 담장을 둘러쳐 앞뒤로 꽉 막힌 사람들
흉보고 트집 잡고 미워하고 원망하며
시샘으로 입이 삐죽 나온 욕심쟁이들
왜들 그렇게 못 잡아먹어 안달병인지
이제 자비와 사랑의 종을 울리자꾸나

절집 동백숲을 거닐던 엄마 종소리
교회당 아기종에 찾아와 젖을 물린다
젖과 꿀이 흐르는 남녘

사랑이라는 반체제

삼팔선을 사이에 두고 장대비 내린다
빗줄기 떨어지다 남쪽으로 내리면 남파간첩비
간이 콩알만 해진 빗물은 비무장으로 곤두박질
소년소녀합창단보다 우렁찬 빗소리여
이북의 어린 병사는 누가 보고파서
엎드려 훌쩍이는가
어슷비슷 빗물인 처지들
사랑이라는 어마무시한 반체제
풋국 끓는 냄새 민통선 마을에
우산 하나에 둘이 깃든 노부부
분홍빛 우산을 쓰고 걸음이 재빠르다
보초병 총구 속에 스며든 빗물이 넘치는 순간
군홧발 끝 제비꽃도 목을 축인다
말뚝이여 왜 너는 그곳에 박혀
요지부동 입술을 깨물고 서있는가
가시철조망이여 청미래덩굴에게 소임을
양보하고 생이별에게는 길을 터주려무나
빗물 도랑을 내면서 벗어놓은 철모
파랑새 앉자마자 그곳이 옹달샘이다

떠도는 그림자들,
길 위의 음표들

- 노래가 된 시들. 여행의 절반은 노래였고
나머지 절반은 침묵이었다.

떠도는 그림자들

숨이여 내게 말하여주오 너의 끝을
낭떠러지에서 물은 끊어짐이 없고
촛불은 몸을 옮기어 붉게 타오르네
새들의 곡예비행 저 하늘과 이 하늘
천둥비 나리면 구름 위를 날아가려네

혼이여 내게 말하여주오 너의 길을
떠도는 그림자여 생의 잔영이런가
사랑은 몸을 나누며 붉게 타오르네
시간이 끌고 가는 이 기억과 저 기억
죽음이 찾아오면 그림자도 떠나가는가

어기야 디야 어기여어차 배는 가고
물위에 비추이는 달과 별 그림자
바람이 부려놓고 간 흰 구름의 그림자
불꽃놀이 떨어지는 유성들의 대지에
기일게 드러누운 그림자는 꿈이었다네

숨이었다네 떠도는 네 이름
꿈이었다네 떠도는 별자리
사랑이었네 떠도는 그림자들
떠도는 그림자 그림자들

춘풍명월

바람… 사람의 길을 따라가
언 땅 보리밭 흔드는 바람
양떼구름의 길을 따라가
하얀 설산을 흔드는 바람

누군가 말 걸어오는 이 길에서
저 홀로 지새운 밤은 찬바람이
눈뜨면 새들의 천국 정원에서
새움을 틔우는 바람 봄바람이
봄바람이

바람… 사람의 길을 따라가
맺은 언약과 강변의 꽃들
저문 골짜기 길을 따라가
푸른 강물을 흔드는 바람

누군가 말 걸어오는 이 길에서
저 홀로 지새운 밤은 찬바람이
눈뜨면 별들의 낙원 소로에서
새날을 깨우는 바람 봄바람이
봄바람이

뫼르소의 노래

성근 눈발 날리는데 멀고도 먼 곳
꽃과 구름 하늘저편 소식이런가
시계바늘은 긴긴 세월 떠돌았느니
손마디처럼 야윈 얼굴 가여웁구려

겨드랑이 끼고 듣는 길의 사연들
소란하던 골목마다 말풍선 달려
나는야 나는 풍찬노숙 길의 이방인
이다지도 먼 길 도는 뫼르소*인가

길은 점점 아득하고 이정표 없고
마른 빵과 젖은 눈물 떠도는 신세
돌아가마고 보낸 편진 도착하였소
귓속말로는 할 수 없어 종소리 울려

* 까뮈의 소설 〈이방인〉의 주인공

반 고흐 그림엽서

흐르는 자유 마음에 켠 등불
벚꽃이 날리면 기억해줘요
달빛은 축축해 우는가 봐요
네 개의 모서리는 멀고 쓸쓸한 타향
은일한 골목에 뒤척이며 잠들지요

찬바람 뺨을 돌리면 그 어디
햇살 푸짐한 한낮에 깨어
흐려진 안경을 닦고 앉으면
괴로운 그리움이 꽃잎 되어 흩날려요
한없이 떨어져 구르고 쌓여가지요

별 뜨는 밤은 비문을 껴안고
집어등 불빛에 물고기들은
달려와 죽음을 끌어안지요
눈물로 녹인 물감만이 영원히 살죠
외로운 돌멩이 던지면 새가 되고요

마추픽추

처음 우리는 돌이었다지
하늘이 낳은 돌멩이들
산 아래로 굴러 들로 강으로
사냥을 피해 바위 올라간
표범과 갈기 늑대는
돌단을 높이 쌓아 기도 올렸네

개간한 밭에 인디오들
따루이를 거두는가 산허리
어린 알파카여 동무도 없는지
안개 밀려든 마추픽추에
신께 바쳤다는 아이들의 혼령

바람이 내게 노래하였네
바람이 우후 들려주었네
삼뽀니아 케나 잉카의 악기들
돌들이 내게 노래하였네
돌들이 우후 노래불렀네
머나먼 곳 그곳 한없이 그리워

초린에게

길 건너 약국의 흐릿한 들창문
단발머리 앳된 초린이라는 아이
한 봉지의 약을 지어 나오는 골목
별만큼의 가로등이 그렁거리네

아득하고 캄캄한 하늘은 멍들고
빨간 감들이 별처럼 매달린 지붕
스물여섯 가을이 저물어 갔네
은행나무 노랗게 주단을 펼쳤네

구름이 베어 문 눅눅한 달빛
미싱 소리 밤새 자박거리는 공장
푸근했던 고향 생각에 눈시울 붉고
초린아 하고 누가 부르는 소리

초린아 창문을 두드리는 소낙비 소리
초린아 담벼락 고개 숙인 달리아 음흠
초린아 늦은 밤 앉아있던 버스정류장
초린아 라디오 별밤에서 너를 부르네

시간의 목소리

세계는 저물고 빛은 꺼져가네
나그네 불룩한 행낭에 꽃잎 가득차고
재색의 대지에 그어진 빗금들
탈향의 행렬인가 오! 뉘 알았을까
저 건너편 낙원 약속의 시간이여
남루한 집 식탁에 촛불은 밝고
이리오라 그대! 이 노래의 쉼표에
잠시 쉬었다 가라 길 가는 그림자여

장미꽃 향기는 숨이 멎을듯해
시장기 달래고 일어선 길에 흩뿌렸네
언제고 우리 다시 만난다면
무엇을 기억하고 무얼 잊었을까
저 건너편 낙원 미망의 시간이여
가쁜 숨 허덕이며 독신은 춥네
이리오라 그대! 이 노래의 쉼표에
잠시 쉬었다 가라 길 가는 그림자여

캐럴, 엄마 없는 별에서

울지 마라 아가야 엄마 없는 별에서
새하얀 저녁골목에 짤랑대는 눈썰매
가여운 어린 젖먹이 울지 말고 자거라

울지 마라 아가야 엄마 없는 별에서
변두리 외딴 마을에 탄일종이 울린다
함박눈 쌓인 밤길에 쏟아지는 별빛들

울지 마라 아가야 조랑말과 당나귀
흰 토끼 검은 염소와 마구간의 어린양
잘 자라 아가 새근새근 잘 자라

목울대 세워 자장가를 불러 보네
캐럴은 솜털 이불처럼 따스해라
Go to sleep my little baby
Go to sleep my honey baby

노란 리본

망망한 바다는 그리워서 파도가 되죠
사나운 풍랑 만나면 이름들 얼룩지고
따갑게 슬픈 응결하는 굵은 소금들
저만치 쓸어다 담으니 가슴마다 노란 리본

왜 나를 빗속에 두시나요 빗속은 춥죠
새까만 꽃씨 데리고 떠나는 빗물을 봐요
언젠가 섬에서 만난다면 꽃의 물결들
뒤집힌 옷자락 펼쳐서 흔들면 노란 리본

무거운 침묵은 부르터서 입술을 열죠
말해요 이젠 진실과 기억의 노래를요
가만히 있어라 하지마요 밤도 어둠도
기다리며 저기 집집에 외등마다 노란 리본

파리 노천카페

해 저문 골목길 늘어선 노천카페
커피와 와인을 즐기는 여행자들
떠도는 시간을 붙드는 약속 장소
지나온 기억을 더듬는 늙은 신사

보드란 두 손을 흔드는 횡단보도
반가운 지인들 진지한 선남선녀
시인은 구석진 창가에 책을 펴고
뭉툭한 손가락 담배는 오랜 친구

누구나 한번쯤 머무는 노천카페
고단한 인생들 기대는 나무 의자
아쉬운 세월도 허전한 마음들도
한 잔의 커피와 노래가 달래주네

어두운 밤거리 비추는 가로등불
자전거 세워둔 정거장 달그림자
불 꺼진 카페와 길 잃은 장님이여
언젠가 본 듯한 얼굴은 당신인가

강물은 누구의 눈물일까

왜 이러는 걸까 이리 눈물이 흘러
강물은 누구의 눈물일까
왜 흐느낄까
글썽이며 반짝이는 삼라만상의 그 곁에
유채꽃 핀 강둑을 나 홀로 걸으면
누군가 다정한 위로를 해주는 것 같아
나 혼자서 우는 줄로만 알았었는데

왜 이러는 걸까 이리 눈물이 흘러
바람이 툭 어깨를 두드리며 말을 거네
부드러이 스쳐가는 강바람이 눈물바람이
타인들 속을 떠돌다 나는 지쳤네
말 못할 얘기들 실꾸리에 잔뜩 감고서
풀어놓지 못했네 마음열지 못했었네

강물은 누구의 눈물일까 왜 흐느낄까
강물은 누구의 추억일까 왜 흘러갈까

아베 마리아

누구도 아프지 않기를
누구도 괴롭지 않기를
누구도 슬프지 않기를
누구도 외롭지 않기를

이 세상 어둡지 않기를
길에서 헤매지 않기를
너와 나 남이지 않기를
더 이상 혼자이지 않기를

이제 그만 눈물 닦으렴 앉은뱅이꽃
말 못하는 벙어리 냉가슴이여
알아보지 못해 지나쳐버린 소경과
듣고도 깨닫지 못한 귀머거리여
아베 마리아 까리따스*
아베 마리아 까리따스

*라틴어로 사랑이라는 뜻

기타 맨

창백한 램프가 꺼지기 직전
청회색 포도주를 들이키려마
야위고 수척한 나의 기타여
물푸레 나뭇가지는
작별의 수인사

비유와 은유로 짜여진 세계
중심은 괴롭고 우레와 찬바람
뗏목을 타고서 바다를 건너네
망초꽃 종소리는
재회의 수인사

신성한 호흡으로 노래하리라
아리딴 진주와 산호초인 기타여

끝없이 숨 쉬는 심장의 노래
침묵을 깨우는 지층과 활화산
여섯 개 기타줄은 함성과 레퀴엠
스치며 안녕 하는
작별의 수인사
우후후 우후

바라나시 꽃

어디서 왔는가 꽃이여
어딜 그리 떠돌다가
이곳에 머무는가
만나기 위해 떠나온 자여
떠나기 위해 머무는 자여
인연이라고 말해다오
사랑이라고 말해다오
잠시일지라도 우리 이렇게
마주할 수 있으니

천개의 눈
– 부르디옹의 시를 노래하다

밤은 천개의 눈을 가졌지만
낮은 단 하나의 눈 뿐이라네
그러나 저무는 태양과 더불어
세상에 밝은 빛들은 소멸한다네

마음은 천개의 눈을 가졌지만
가슴은 단 하나의 눈 뿐이라네
그러나 사랑이 떠나갈 때면
한평생 비추던 빛 또한 소멸한다네

먹고 기도하고 사랑하라

이른 아침 눈을 뜨면 들려오는 노랫소리
고요하게 서성이는 생명들과 안개구름
저만치서 흰 구름은 서편으로 흘러가네

떨리는 손 나뭇잎은 이슬비와 춤을 추네
강물소리 빛나는 땅 하늘하늘 새들 나네
노래하라 그림자여 비탈길의 목숨이여

걸음걸음 부신햇살 갈가마귀 눈을 뜨네
자작나무 은빛 숲에 땅거미가 내려오면
달빛물결 주인이여 무심결에 만난이여

우 - 우 사랑해요
우 - 우 노래해요
원하건대 함께 먹고 기도하고 사랑하라

구럼비 강정

잘도 아까운 구럼비낭 비바리
어디 갔당 이제 왐수꽈
해바라기쿨 눈비아기쿨
막사리에 고냉이와 강생이

무싱거 호미꽈 도르멍옵서
어떵살아 점수꽈 요소시
하르비고장 소앵이와 천상쿨
모커리에 좀녀와 골개비

해군기지 가로막힌 올레길
바람처럼 구름처럼 새처럼
이어도에도 마라도와 푸른 섬
넘나드는 파도처럼 비처럼

어서 와요 사랑하는 님이여
우리같이 동무하고 놀아요
막힌 철조망 총을 든 군인들
노래하면 평화가 이겨요

말똥게와 돌고래가 이겨요

산호초와 김중덕*이 이겨요
우리같이 동무하고 놀아요

* 강정마을에 사는 개 이름. 주인이 김씨다.

트래블러

감귤은 별의 열매
태양을 따라 돌고파
집 잃은 어린 여우
눈밭의 작은 발자욱

묘지에 피어난 꽃
조곡에 춤추는 나비
길에서 우는 아이
풍선은 하늘 저 높이

자유는 푸른 깃발
사랑은 님의 목소리
서편에 저문 강물
별들은 길의 이정표

장님의 굼뜬 걸음
물새는 바다 저 멀리
비 오는 주말 아침
우산은 나의 길동무

사랑을 배우고 이별은 가벼웁게

진실은 가슴에 자연이 위로한다네
구름이 빗물을 담고서 흘러서가듯
시간은 우리를 손잡고 여행한다네

수십억광년의 고독

텅 빈 이 우주는
별들의 궁륭이라오
온갖 영혼들은 귀환을 서둘고
변명의 무덤은 구원을 얻게 되리라
새들은 부메랑 되어서 날고
응달은 차갑고 창공은 따뜻하누나
유일한 출구는 진실한 사랑

지상의 배회를 마치면
나 돌아가리라
수십억 광년의 고독을 끝내고
떠나온 별에서
영원히 사랑하리라
루루루 루 –

러브송

파풍에 부서지는 바람
침침한 불빛속의 얼굴
여린 가지 잎들은 지고
조금씩 저려오는 가슴
오, 이 수많은 사람
오, 그러나 한 사람

허기진 나그네의 저녁
불 꺼진 골목길은 자고
잿빛 하늘 날개 잃은 새들
조금씩 저려오는 가슴
오, 이 수많은 사람
오, 그러나 한 사람

사랑은 스며드는 빗물
사랑은 시인의 꽃다발
사랑은 가슴시린 저녁놀
사랑은 손 내민 그림자

사랑은 떠도는 조각배

사랑은 시인의 노랫말
사랑은 반짝이는 물너울
사랑은 손 내민 그림자

고비 사막

나 몽골리언 게르에 누워 있네
인생에 남은 건 소음뿐
우 - 모래사막에 부는 바람소리
비밀한 사랑도 추억조차
흰 독수리를 따라가는 순례길
해쓱해진 낙타의 슬픈 눈
우 - 가버린 사랑 별이 되었네
떨어지는 별빛 바라보네

머잖아 우린 돌아가야 할 때
인생에 남은 건 소음뿐
우 - 손목 끝에 도는 시계소리
복사뼈 여물어진 순례자여
오 흰 깃을 매만지는 순례길
또 다른 밤낮의 예감이여
나 가파른 세월 방랑하였네
눈을 감고 너를 생각하네

나 양떼들에 기대어 쉬고 있네
인생에 남은 건 소음뿐
우 - 푸른 초원을 지난 꽃내음과

끝도 없이 펼쳐진 길을 따라
정처 없이 걸어가는 순례길
거역할 수 없는 이 운명이여
나 머나먼 길을 여행하였네
언젠가는 너를 만나려네

길 잃은 자의 노래

길 잃은 자여 무슨 일 있었나
저 하늘 나는 새처럼
가여운 소리로 우는가

길 잃은 자여 저녁놀 지는데
등롱에 밝은 불 켜고서
그리운 옛집을 생각해

길 잃는 자여 무슨 말 들었나
형장에 끌려간 님처럼
아무런 대답도 없이

길 잃는 자여 초승달 뜨는데
쉴만한 자리도 없는데
차가운 바람은 부는데

길 잃은 자여 무슨 꿈 꾸었나
황막한 세월은 꿈같고
사월은 시월로 기울어

파스토랄 Pastoral

아까시 나무가 춤을 추네
포플러 가로수길 지나서
풀벌레 우짖는 옥수수 밭
솔밭을 지나면 내 고향

저물 무렵 떠도는 바람
부모님 산소엔 우거진 풀
무너진 담벼락 능소화야
진홍빛 눈부신 내 사랑

밀짚모자를 쓴 농부님네
감자와 깻대를 짊어지고
논두렁 밭두렁 걸어오네
아득한 세월을 그리 했네

바람의 눈썹은 싸리대문
백구는 순하게 꼬리치고
들꽃도 나비도 바윗돌도
익숙한 미소로 반겨주네

마당엔 멧새의 발자국
우체부 다녀간 바퀴자국
초저녁 하늘엔 비행기가
눈시울 붉어진 내 마음

월든

개가 달려들면 휘파람을 불어라
야생의 발자국 고귀한 진실들
우체국 오가는 친숙한 산길
편지를 보내고 호두를 줍네
인적 없이 고요한 이 길에는
생의 달디 단 열매들이 영글고
정직하고 겸허한 조화 속에서
외진 골목엔 별들이 뜨고 지고
호숫가에는 물안개의 굼뜬 산책
혼자서 잠드는 게 홀가분하네
가슴 후비는 찬바람도 인생의 벗

내겐 사무치는 고독이 필요하다
정오를 살아가며 잃어버린 시간들
쟁명한 아침과 청정한 저녁
느릅나무 숲속 자그만 외딴 집
나무 의자, 화롯불, 낡은 시집과
평온한 사색, 여행 책들을 읽고
어지러운 한낮의 나비떼들과
작은 도토리 옹옹한 씨앗처럼
호숫가에는 물새들의 노랫소리

혼자서 생활할 때 깊어져 가네
가슴 후비는 찬바람도 인생의 벗

슬픈 우쿨렐레

북극 얼음산이 녹는 밤
우쿨렐레 노래를 부르네
별빛 도란도란 부두에
갈매기 훌쩍이는 수은등

파도 밀려드는 바닷가
우쿨렐레 노래를 부르네
모래 글썽이는 바닷가
고깃배 뒤척이며 잠드네

외투 목도리를 감고서
불귀 선착장을 떠도네

손금 그물 치며 한세상
우쿨렐레 노래를 부르네
고래 꿈을 꾸는 흑염소
폭풍우 거세지는 밤바다

성좌 이어놓은 섬마을
우쿨렐레 노래를 부르네
해풍 깎아지른 벼랑엔

뱃머리 부서지는 흰 파도

사랑 잃어버린 그림자
불귀 유령선을 맴도네

체 게바라여 영원하라

사막으로 걸어간 사람 있었네
십자가처럼 생긴 총 한 자루 들고
밀림으로 들어간 사람 있었네
바다에 뜬 별 혁명을 밝히고
당나귀를 타고 앞장선 전사여

인디오의 터전을 지켜내리라
아르헨티나 쿠바 볼리비아 비바
죽음 따위 두려워하지 않았네
평양에도 다녀갔네 별의 여행자
당나귀를 타고 저 멀리 떠났네

체 게바라 체 게바라 비바
체 게바라 체 게바라 올라
체 게바라 체 게바라 비바
체 게바라 체 게바라 올라

Hasta Siempre Comandante
Viva Amigos
피델 카스트로, 라울 동지들과 함께
카밀로 대장님 시가^{Cigar}를 태우고

사령관님 영원히 우리들과 함께
당나귀를 타고 앞장선 전사여

나무 물고기

구슬픈 산새야 너 어디로 가나
님 찾아 저 멀리 해 저무는 녘으로
숨죽여 빛나는 달 떠오르는 밤
나무숲 물들며 흰달무리꽃

환생한 물고기 이 개울을 헤엄쳐
나무에 걸리고 빈집에 잠들고
어느덧 눈뜨면 저 하늘을 날고
비늘을 벗으면 가슴을 깨우면

나는 새가 되었다가 물고기가 되리
나는 물고기가 되었다가 나무가 되리
나는 구름이 되었다가 햇살이 되리
나는 별이 되었다가 눈물이 되리

비오는 날 해바라기

간밤의 비 소식 근심이었네
자욱한 안개비 어두운 한낮
해뜰참 뒤덮은 먹구름
눈물로 얼룩진 우리의 사랑
해바라기는 피었네
해바라기는 믿었네

비오는 날에도 해바라기는
고갤 들어 구름 너머 눈부신 태양
비오는 날에도 해바라기는
고갤 들어 구름 너머 화창한 새날

귀 잘린 화가의 붉은 해바라기
산골짝 외딴 집 해바라기여
그대와 둘이서 심었네
장맛비 서럽던 우리의 사랑
해바라기는 피었네
해바라기는 믿었네

소금 사막

소금 사막에 하얀 눈
소금 사막에 하얀 길
소금 사막에 떨군 눈물
소금 사막에 하얀 손
소금 사막에 하얀 불
소금 사막에 떨군 사랑

소금 사막에 하얀 집
소금 사막에 하얀 새
소금 사막에 떨군 세월
소금 사막에 하얀 꽃
소금 사막에 하얀 별
소금 사막에 떨군 목숨

소금 사막에 흰 나무
소금 사막에 흰 파도
소금 사막에 떨군 소금

장님 거미

검은 숲속 외진 길섶을
유령처럼 거닐던
추레 행색 방랑객을
쫑그리며 보았네
빈주머니 키만 훨쭉
가난뱅이 여행자
무전무목 서늘한 바람
가을볕도 좋아라
라라라라라 라라

비단금침 호화호사
한순간의 꿈이라
꽃그늘에 멈추었다가
휘청허청 또 가네

코스모스 피인 거리를
구름처럼 누비던
정처 없는 떠돌이별
순례자를 보았네
사랑하고 헤어지는
인생살이 여행자

이룽어룽 쓸쓸한 눈물
가을볕에 말리네
라라라라라 라라

사막 블루스

길은 사막으로 이어져
발자욱조차 잃었네
낙타의 무덤 곁에서
뒤돌아보니 혼자네
아아아아
어찌할 수 없어라
그림자를 보며 걸으리
그러면
외롭지 않으리
외롭게 저물진 않으리

나무의 꿈

초록별 뜬 푸른 언덕에
나무 한그루 되고 싶었지
딱따구리 옆구리를 쪼아도
벌레들 잎사귀를 갉아도
바람이 긴 머리 크러놓아도
아랑곳없이 그저 묵묵히
나무 한그루 되고 싶었지
아름드리 어엿한 나무가

만개한 꽃처럼 날개처럼
너를 품고 너희들 품고
여우비 그치고 눈썹달 뜬 밤
가지 끝 열어 어린 새에게
밤하늘을 보여주고
북두칠성 고래별자리
나무 끝에 쉬어 가곤 했지
새파란 별똥 누다 가곤 했지

찬찬히 숲이 되고 싶었지
다람쥐 굶지 않는 넉넉한 숲
기대고 싶었지 아껴주면서

함께 살고 싶었지

보석 같은 꿈 한줌 꺼내어
소색거리며 일렁거리며
오래오래 안개 속에서
기다리고 있었지
나무 한그루 되고 싶었지

가뭄

목마르다 목마르다
생이 내게 소리치네
목마르다 목마르다
땅이 내게 소리치네

물은 어디에 있는가
술은 어디에 있는가
이 갈한 목을 축여줄
한모금의 구원
그대의 목을 타고 흐르는
망각의 강물이여

물은 어디에 있는가
술은 어디에 있는가
연못에 갇힌 물고기는
물에서도 목이 말라
왜들 여기에 사는가
왜들 이러고 있는가

여리디 여린

이 여리디 여린 소년의 손으로 기운
축구공별이 구른다
이 여리디 여린 소녀의 손으로 다린
원피스 꽃이 춤춘다

새순처럼 여린 손가락들은 분주히
공장의 창문 밖으로 풀꽃들 피고
바늘에 찔려 다리미에 데여
바알개진 아이들의 손가락

매만져 주어라
어루만져 주어라
아, 놓아 주어라

칼릴 지브란

여행자여! 아스포델꽃* 피기 전에
길을 떠나세
모든 나무들은 뿌리를 뻗어
반대편으로 향하고
과일은 즙이 되어 강물로
흘러가네 떠나간다네

예언자여! 토성의 고리는
약속의 반지가 아닌가
사랑한다면서 우리는 너무도
멀리 떨어져 있네
우리는 결코 가난하지 않네
욕심이 많아졌을 뿐

마음을 비우고 서로를 맞이하세
시와 노래와 그림
별들과 춤을 추면서
즐기세
이것은 우리의 마지막 인생이라네
즐기세
이것은 우리의 마지막 여행이라네

방랑자여! 이 추운 암흑에서
나를 이끌어주오
가로의 철길과 세로의 전주도
밤마다 길을 잃었네
비밀의 문을 열면
잘 익은 포도주가 가득하겠지

* 저승길에 핀다는 꽃

뿔

내 뿔은
쓰러진 나무의 뿌리
내 뿔은
치솟는 화산의 불꽃
내 뿔은
휘-부는 바람의 머리칼
내 뿔은
길 잃은 병사의 깃발

붉은 감

사는 동안에 단 한번
붉어지는 얼굴이 있다
당신을 만난 첫 순간
달아오르는 열기를
감출 수 없었다

이제야 만나다니
가슴 뭉클하여서
온 몸이 시냇물처럼
흐물거렸다

모든 걸 내어주고 싶었다
그리하여 오래된 집을 떠났다
그대 손에 잡혀
찬찬히 더듬는 입술에 황홀하였다

만져지는 모든 몸을
붉게 붉게 물들이며
석양과 같이 저물어간
세월이었다

눈동자

태양은 눈부셔라 바라보는 눈동자
바다는 그의 짭쪼름한 눈물
저 숲을 보라
이슬이 내려앉은 눈꺼풀
사막은 세월의 더께가 쌓여진 눈주름
작은 호수를 품고 있는 온순한 눈자락
나는 그의 눈동자 안에 어리는
하염없는 열망

여행자의 로망

누가 깨웠을까 이른 새벽길을
부는 바람 따라 휘휘 나부끼네

누가 알았을까 너의 여행길을
삶은 정처 없어 휘휘 떠나갈 뿐

누가 기억하나 슬픈 목소리를
노래 한 소절을 휘휘 불러보네

누가 들려줄까 너의 지난얘기
굵은 빗방울이 휘휘 떨어지네

나나나나나 나나나

꽃이 되어

꽃이 되어 노래하소서
꽃이 되어 노래하소서
길 잃은 새들을 보았네

어두운 안개의 숲에
홀로 방황하는 친구여
별이 되어 빛나소서
별이 되어 노래하소서

바람은 꽃씨를 내밀고
빛은 세계를 열었네
꿈에서 깨어난 친구여
꽃이 되어 피어나오

꽃이 되어 노래하소서
별이 되어 노래하소서

내 가슴에 달이 하나 있다

내 가슴에 달이 하나 있다
푸른 저 달이 부풀어 오르면
구름 걷히고 밤하늘 맑아지면
내 가슴에 달이 있다

품고 다녔던 맑고 고운 빛
날 어두워 캄캄하여도
가끔 돌부리에 휘청거려도
검은 숲에서 길을 잃어도

내 가슴에 달이 하나 있다
푸른 저 달이 부풀어 오르면
달빛 달빛 달빛이 있어
내 가슴에 나의 님 하나 있다

바닥이 빛나는 것들을 업고

자작나무 숲으로 업히러 간다
나이테는 나이테를
가지는 가지를 업고
마디 굵은 솔가지는
부엉이를 업고
곤충마저 휘어져라 업고 있다

그렇게 서로의 이름표를
업어주지 않았다면
서로의 체온과 슬픔을
업어주지 않는다면
바닥이 빛나는 것들을
업어주지 않는다면
어머니가 어부바 우리를
업어주지 않았다면
지금 그 무엇도
남아있지 않으리
따뜻한 등을 껴안지도
못하였으리

나 몸무게를 줄이고

숲으로 들어간다
내 아이를 업고 잠재우는
여자에게로
여자가 업은 세월이
아이 하나 뿐이랴
바람 한 점 뿐이랴

마지막 인디언

나 두 발로 서서 노래하리라
눈을 들어 하늘을 바라보며
춤을 추리라

바람이 내 몸을 감쌌으면
태양이 내 몸을 비췄으면
모든 벗들이 나와 더불어
악기를 연주했으면

오 빛나는 자여
그대가 나를 부르는 그날은
내가 마지막 노래를 부르는
그날은
눈부셨으면

500 Miles
- 미국 민요를 노래하다

마지막 기차를 그만 놓치신다면
나는 혼자 떠나고 말겠지
기적소릴 들으며 멀리 아주 저 멀리
떠나고 또 떠나고 떠나네

외투는 때 묻고 나는 무일푼 신세
이렇겐 고향에 못가네
마지막 기차를 그만 놓치신다면
나는 혼자 떠나고 말겠지

스노우맨
– 스노우맨 'Walking in the air'를 부르다

눈보라치는 푸른 밤하늘 저편
하얀 눈사람 손을 잡고서 걷네
자작나무숲 슬픈 여우야 안녕
얼음산기슭 북극곰들아 안녕

성탄절 종소리 언덕을 넘고
유리창 바깥은 흰 눈이 펄펄

잠자던 아이 눈을 부비며 깼네
떠돌이별빛 손을 흔드네 안녕
나나나나

외로운 고래 우는 목소리 들려
바닷물 위로 물보라 치네 우후
모두가 잠들어 고요한 마을
눈사람 아저씨 서성거리는 시간
하얀 눈사람 손을 잡고서 걷네
떠돌이별빛 손을 흔드네 안녕

솔숲 사이로 강물은 흐르고
– 존 바에즈의 노래를 부르다

작은 새가 지저귀는 봄날의 장미밭
꽃을 따는 일을 하던 소녀가 있었죠
햇살이 출렁이는 아침 강물을 따라
꽃짐을 나르던 소년을 사랑하게 되었죠

이듬해 봄날 둘은 결혼을 약속했죠
장미꽃과 산새들이 축복하는 그날을
가을이 깊어가고 포도주가 익는데
전쟁은 소년과 소녀를 갈라놓고 말았죠

언덕은 춥고 강물 얼고 봄은 왔어요
돌아오마 약속한 님 소식 한장 없었죠
솔숲 사이로 강물도 눈물도 흘렀지요
강가로 떠밀려온 병사의 가엾은 주검

길을 물어보면 누구나 알고 있죠
강가 어느 양지 바른 곳 두 개의 무덤을
여행자들이 꽃을 놓고 가는 무덤을
솔숲 사이로 강물도 장미꽃도 흐르죠

우편 배달부의 죽음
- 마노스 하지다키스의 노래를 부르다

새가 날아 하얀 새가
하늘높이 한 마리 새가
매일 편질 전해주던
우체부가 죽었답니다
그대 소식 전해주던
우체부가 죽었답니다
우우우

기억해요 정원에서
꽃향기를 맡곤 하던
순박하고 청초하던
우체부가 그 젊은이가
이제 누가 내 마음을
그대에게 전해주리오
사랑한단 첫 고백을
우체부가 가져갔는데

장미꽃은 부서지고
재스민이 누운 꽃길
새들만 외로이 우우우
나는 이제 갇혔다오

소식 없는 적막한 집
이제 누가 내 편지를 우우우
이제 누가 내 마음을
그대에게 전해 주리오
사랑한단 첫 고백을
우체부가 가져갔는데

바람만이 아는 대답
- 밥 딜런의 노래를 부르다

얼마나 먼 길을 걸어야 방랑자는 별이 되나
얼마나 먼 바다 건너야 하얀 새는 쉴 수 있나
얼마나 긴 시간 견뎌야 자유롭게 살 수 있나
오! 내 친구여 묻지를 마오
바람만이 아는 대답을

얼마나 긴 세월 지나야 저 산들은 바다되나
얼마나 여러 번 견뎌내야 평화롭게 웃음짓나
얼마나 많은 날 애써야 춤을 추며 노래하나
오! 내 친구여 묻지를 마오
바람만이 아는 대답을

얼마나 여러 날 기다려야 맑은 하늘 볼 수 있나
얼마나 서럽게 울어야 좋은 세상 찾아오나
얼마나 깊은 밤 이겨야 새벽햇살 반짝이나
오! 내 친구여 묻지를 마오
바람만이 아는 대답을

대니 보이
– 아일랜드 민요를 노래하다

아 목동들의 피리소리는
골짜기마다 은은하구나
여름이 가고 꽃은 저무리니
나는 가고 너 홀로 남으리
저 초원에는 여름철이 가고
산골짝마다 흰눈 덮여도
나 어찌 잊을 수 있으리오
아 목동아 목동아
내 사랑아

가을이 깊고 꽃은 속절없고
나 또한 죽어 땅에 묻히면
너 찾아와 내 무덤 앞에 서서
정다운 말로 날 불러주오
네 부르는 소리 따스하리니
봄날에 무덤 꽃이 피리라
너 부디 나를 기억하여주오
아 목동아 목동아
내 사랑아

한 잔의 커피
- 밥 딜런의 노래를 부르다

머뭇없이 구름 따라 떠나온 먼길
체리나무 그늘에서 비를 피하네
얼어붙은 여행자는 커피를 찾고
간이역엔 소란스런 만남과 작별

결혼식과 장례식이 열리는 성당
마당에는 짝을 잃은 슬픈 비둘기
집이 없는 집시들이 웅크린 골목
불을 쬐는 그림자와 한 잔의 커피

"one more cup of coffee for the road…
one more cup of coffee fore I go
to the vally below…"

바람벽에 기대어선 소녀의 눈빛
문이 닫힌 우체국에 버려진 편지
선술집엔 취객들의 낭랑한 음성
길모퉁이 카페에는 우울한 노래

여관에선 연인들이 엉켜 잠들고
여행자는 기차에서 홀로 잠드네

풀어헤친 옷자락에 묻은 향기는
그대와 나 헤어지며 마신 커피향

멜랑콜리맨
– 무디 블루스의 노래를 부르다

나는 멜랑콜리맨
쓸쓸한 인생
그대 없이 홀로 추는
외로운 왈츠
나는 Very Lonelyman
차가운 태양
노래하는 집시처럼 애절한 음성
잿빛하늘 우울하게 저무네

오! 수만 개의 유성우가 쏟아지는
바다위에 서러웠을 길의 목마름
이 손전등을 켜고 가면 어둠저편
만나려나 부드러운 님의 목소리

저 유랑민의 무리 속에
흘러가는 사람 속에
손 내미는 달의 그림자
온 생을 다해 사랑하고
노래하는 집시들은
후회 없이 눈을 감으리

이매진
- 존 레넌의 노래를 부르다

천국은 없어요 이미 우리 안에
지옥도 없고 오직 푸른 하늘
그대여 눈을 뜨고 지금 여길 살아요 우후

국경은 없어요 인류는 한 형제
분쟁도 다툼도 사랑을 믿어요
그대여 손을 잡아요 평화로웁게 우후

내가 꿈꾸는 가요 혼자만은 아니죠
언젠가는 당신도 이 세상도 하나

나의 것은 없어요 나누며 살아요
가난도 질병도 사랑을 나눠요
그대여 마음 열고 지금 여길 살아요 우후

내가 꿈꾸는 가요 혼자만은 아니죠
언젠가는 당신도 이 세상도 하나
우리는 하나

풀어내는 글

글썽이는 마음, 숨결 같은 사랑
- 임의진의 자유여행 시편

김기돈(월간 〈작은것이 아름답다〉 편집장)

스무 해도 훨씬 넘었다. 맑고 반짝이는 젊은 눈을 만난
지 벌써 그리 되었다. 어깨춤 임의진의 곁에 있으면
늘 맑고 유쾌한 기운이 넘쳤다. 누구와도 거리낌 없이
덥석 손부터 잡았다. 마을 할머니도, 이웃 농부도,
읍내 이발사도, 신부도, 스님도 그에겐 벗이었다.
길동무였다. 종교나 직업, 나이, 지역이나 국적조차도
별로 걸림이 되지 않았다. 벗들은 기꺼이 마음을
내어주고 그를 아끼며 그리워했다.

    헌금을 모아 범종불사를 했다가
    이단 삼단 연탄 사탄 구공탄 소릴 들었네

스님은 범종 달고 남은 시주로
교종을 달아 주셨는데 교인들이랑
축하예배 첫 타종식 할머니 교인들보다
많은 새떼들 찾아와 종소리를 반겼네
...
땅끝마을 해남 미황사 가면 엄마종이 있고
다산초당 옆 마을 강진 남녘교회엔 아기종이
그렇게 생겨나 전설처럼 오늘도
종소리 그윽하다
    - '미황사 엄마종, 남녘교회 아기종' 부분

젊은 날 그가 온전하게 마음을 쏟았던 강진마을 작고 아름다운 하얀 집, 책으로 가득했던 작은 방을 잊을 수 없다. 차고 뾰족한 바람이 불던 겨울, 아궁이에 장작 몇 개 던져 놓고 벗들과 밤새 노래를 이어 부르던 때를 기억한다. 아득하고 따스했다.
쪼개진 하늘을 머리에 이고 더는 살아갈 수 없어, 흰 소매를 적셔온 세월이 아프고 북녘 하늘이 그리움에 사무쳐 '남녘교회'라 이름 했던 곳, 유배지 같은 남녘 골방에 앉으면 울컥 울음부터 쏟아지던 시간을 오랫동안 품었다. 그곳에선 가르치는 이와 배우는 이, 말하는 이와 사는 이가 따로 없었다. 물기 있는 가슴으로 숨결 같은 사랑을 노래했다.
문득 찾아오는 글을 종이 조각에 옮겨 적으면 시가 되고

노래가 되었다. 자주 걸으며 바람이 전하는 소리를
듣고, 새가 전하는 산 숲 이야기를 마음에 품었다.
길모퉁이를 돌아 타박타박 걸어오는 시간에 늘 가슴
말을 내어주었다. 언젠가 내게 쪽지로 적어 보내준
손편지엔 이리 적혀 있었다.

    그렇게 기다려도 오지 않던 시가
    공책도 다 쓰고 연필마저 잃어버린 날
    한꺼번에 밀려왔네
    기억할 수 없어라, 내 아까운 시들
    나는 다시 시를 기다리고 있네
    내 공책이 다 한 날, 연필도 없는 날
    또 그날 찾아 올 테지?
    - '시가 찾아온 날' 전문

그는 늘 꾸밈없고 문턱이 없었다. 문턱이 없으니 경계
또한 없었다. 어디서나 잇고 짓는 인연이 담장 없는
마당이나 바람 잘 드는 창 같았다. 온몸으로 열고
닫으며 풀고 감아냈다. 가파르게 정해 놓지 않고
둘레둘레 흐르다가 지긋하게 머물며, 작고 소소한
것들에 마음을 내려놓고 글썽이면서 어깨를 들썩이는
때가 잦았다. 오래오래 아파하고 그리워하며 마음이
흐르는 것을 애써 막아 세우지 않고 몸이 천천히
뒤따르곤 했다.

왜 이러는 걸까 이리 눈물이 흘러
　　강물은 누구의 눈물일까
　　왜 흐느낄까
　　글썽이며 반짝이는 삼라만상의 그 곁에
　　유채꽃 핀 강둑을 나 홀로 걸으면
　　누군가 다정한 위로를 해주는 것 같아
　　나 혼자서 우는 줄로만 알았었는데
　　- 노래시 '강물은 누구의 눈물일까' 부분

그는 숨결 같은 일상을 사랑했다. 호흡하는 지금이
가장 찬란한 삶이었다. 거창한 목표 같은 것을
앞세우지 않고, 눈을 감았다 뜨면 눈앞에 가득
들어오는 햇살이라든가, 초록 일렁이는 나무라든가,
얼굴에 닿는 바람을 되레 소중하게 여겼다. 그래서
허겁지겁 정해진 틀에 들이붓는 방식으로 일하지
않았다. 정해 놓지 않았으나 마음 다해 흐르면 어느새
닿아있는 때가 많았다. 쩌렁한 확성기 같은 말이나
풍선 같은 장황한 이론이 아니라 가슴이 먼저 일렁이는
것들을 내어주었고, 달려가 만나고 두 발로 발 딛고
서서 손 내밀었다.

　　새순처럼 여린 손가락들은 분주히
　　공장의 창문 밖으로 풀꽃들 피고

바늘에 찔려 다리미에 데여
　　바알개진 아이들의 손가락

　　매만져 주어라
　　어루만져 주어라
　　아, 놓아 주어라
　　　- 노래시 '여리디 여린' 부분

어느 날 그가 그림을 그리기 시작했을 때, 그림에
떠돌이별을 그려 넣었을 때, 투박하게 쓱쓱 색을 섞을
때, 그에게서 말과 글과 그림이 다르지 않다는 것을
느꼈다. 노래하듯 그림을 그리고, 그리듯이 노래하며
글을 썼다. 그의 그림은 꾹꾹 눌러쓴 그리운 편지이자
시였다. 반란 같은 들풀이 쑥쑥 봄을 밀어 올리듯
두근거리는 고백이었다. 머리로 그리지 않으니 멋을
부리지 않고 거칠고 투박하게 마음이 깃든 그림이
되었다. 그림에 자신 얼굴이 있고, 벗의 얼굴이 있었다.
마음에 긋는 그리움이 담겼다.

　　논두렁 밭두렁 이 원고지처럼
　　그어진 대지에서 그는 시다
　　몸으로 쓴 한편의 시
　　이마의 주름에도 베낀 시 한편
　　잘 읽고 취하여 돌아오는 길

별똥별 떨어져서 마침표 찍고
  - '시인과 농부' 부분

그는 직업을 살지 않았다. 걸어온 시간이 마음 한
자락일 뿐이었다. 마음을 베어내 있어야 할 곳에
두었다. 어디에 서야 하는지, 언제 일어서야 하는지,
무엇을 보아야 하는지, 무엇을 말해야 하는지 알았다.
칠흑 같은 시절과 뒤틀려버린 역사를 아파했다.
그는 바닥을 사랑했다. 부둥켜안고 몸으로 흐느끼곤
했다. 차마 말로 다 담아낼 수 없어 차라리 먼저 그리
살았다. 흙먼지 나는 땅에서 꿈틀거리며 여기에 있다고
몸으로 말했다. 사람들이 눈길을 두지 않는 변두리,
작고 소소한, 모퉁이로 밀쳐놓은 것들을 눈에 두었고,
연민의 마음을 내어주었다. 포장하지 않은 알맹이가
그의 일상에서 치열했다. 그래서 가슴 뭉클한 것을
품고 무엇 하나 저버릴 수 없는 것들이 살아온 시간에
고스란했다. 나 아니었던 때가 없었으니 사람들은
그에게서 펄펄 살아 있는 날 것을 보았다.

  누군가 먼저 슬픔의 마중물이 되어준 사랑이
  우리들 곁에 있다

  누군가 먼저 슬픔의 무저갱으로 제 몸을 던져
  모두를 구원한 사람이 있다

그가 먼저 굵은 눈물을 하염없이 흘렸기에
그가 먼저 감당할 수 없는 현실을 꿋꿋이
견뎠기에
- '마중물' 부분

남녘 작은 방에 살 때 가슴에 닿는 시 '마중물'을 세상에 배웅한지 20년, 그 동안 마중물 시인으로만 알려졌다. 마음에 닿는 대로 수많은 시들을 가슴에서 꺼내 구름 편지로 곳곳에 띄워보냈다. 시집으로 묶어내는 걸 수줍어하며 다만 노래처럼 가슴에서 가슴으로 물처럼 흐르게 두었다. 벗들이 나서 등 떠밀고 인연 깊은 〈작은것이 아름답다〉가 나서 고운 가슴 시들을 '지금은 사랑이라는 여행을 시작할 때'로 묶어내고, 노래가 된 시들도 '떠도는 그림자들, 길 위의 음표들'로 같이 묶어 그의 첫 시집,《버드나무와 별과 구름의 마을》을 다시 벗들에게 배웅하게 되었다.

메타세쿼이아 가로수길이 아름다운 담양마을 산자락, 그 산새를 꼭 닮은 흙집에 깃든 지도 십 수 년이 벌써 지났다. 어느새 그는 산골짝 집을 닮아있었다. 집과 함께 자연스러워지고 느릿느릿 깊어졌다. 골방에서 쓰고 그리고 생각에 빠져 지내다가 불쑥 얼마동안 단출하게 챙겨 산책하듯 낯선 공간으로 여행을 떠나곤 했다. 여행지에서 우연하게 만난 관계들을 직조했다.
마치 어디론가 떠나다 들린 간이역에서 생각지도
못한 내 삶을 마주하듯이, 무언가에 끌려 가슴 설레고,
가슴에 달려와 별똥별처럼 박힌 그런 시간을 순례하고
있다. 누군가 삶의 모퉁이에서 손을 내밀어 잡아주었던
온기를 잊지 않고, 날마다 새삼스럽고 새'삶'스럽게
살면서 혼신을 다해 자유여행 중인 시인.
한 걸음이 다른 한 걸음을 이끌도록 놔두고 오래된
벗인 양 삶을 마주하고 있다. 내 목소리로 꾸밈없는
노래를 하고 제 멋과 짓으로 살아내는 일이 무르익어
간다. 오래 가슴에 품었던 꿈의 질감을 두 발로 땅을
딛듯 생생하게 느끼며, 망설임 없이 갈림길에 서고,
온기가 남아 있는 '주머니 속 왕복표처럼' 다시 먼 길을
되돌아와 만나게 될 삶을 두 손으로, 몸으로 새겼다.
그의 몸과 얼굴은 늘 드러난 마음이었다. 스스로
다그치거나 재촉하지 않고 더디더라도 기다리고
쉬어가자 자신에게 말해주며, 따스한 눈길로 스스로를
바라보며 더 멀고 아득한 여행길로 나선다.

    어디론가 우리는 떠나야 한다
    지금 나는 역 앞에 나와 있다
    우리에게 쥐어진 돈은 그저 여비일 뿐
    앞으로 그대는 재산이라 부르지 말고
    여비라 불러야 한다

...
기차표를 쥔 사람들 속에 그대와 내가 서 있다
- '기차 여행' 부분